討論会報告書

# 飲茶《いんちゃ》の起源地はどこか

## 擂茶《レイチャ》の工程（中国湖南省安化県，松下智撮影）

擂茶の素材　茶は新芽の時期には生葉（奥の鉢）を使う

擂《す》る

擂りあがり

擂茶に入れるさまざまな具

## 打油茶の工程（広西チワン族自治区龍勝各族自治県，松下智撮影）

⑴茶葉を油で炒めてから湯を加え煮る
⑵茶葉と茶湯をそれぞれの器にとり分ける
⑶茶葉をすり鉢で打つ（右下）
もう一度繰り返し、さらに⑴⑵を行なって取り分けた茶葉は捨てる。湯を３回加えるので、茶湯の量は⑵の時の３倍になる。

煮出した茶湯を具の入った茶碗に注ぐ

具の入った茶を飲む

**油茶の工程**（広西チワン族自治区龍勝各族自治県，松下智・早川史子撮影）

茶葉を炒め、湯を注いで煮出す

具に使うアラレなどを少量の油で炒める

煮出した茶湯を具の入った茶碗に注ぐ

## さまざまな「**飲茶**」（金丸瑠美撮影）

茶筅で泡を立てる

具を加える

島根のボテボテ茶

沖縄のブクブク茶

台湾の烏龍茶（淹茶）

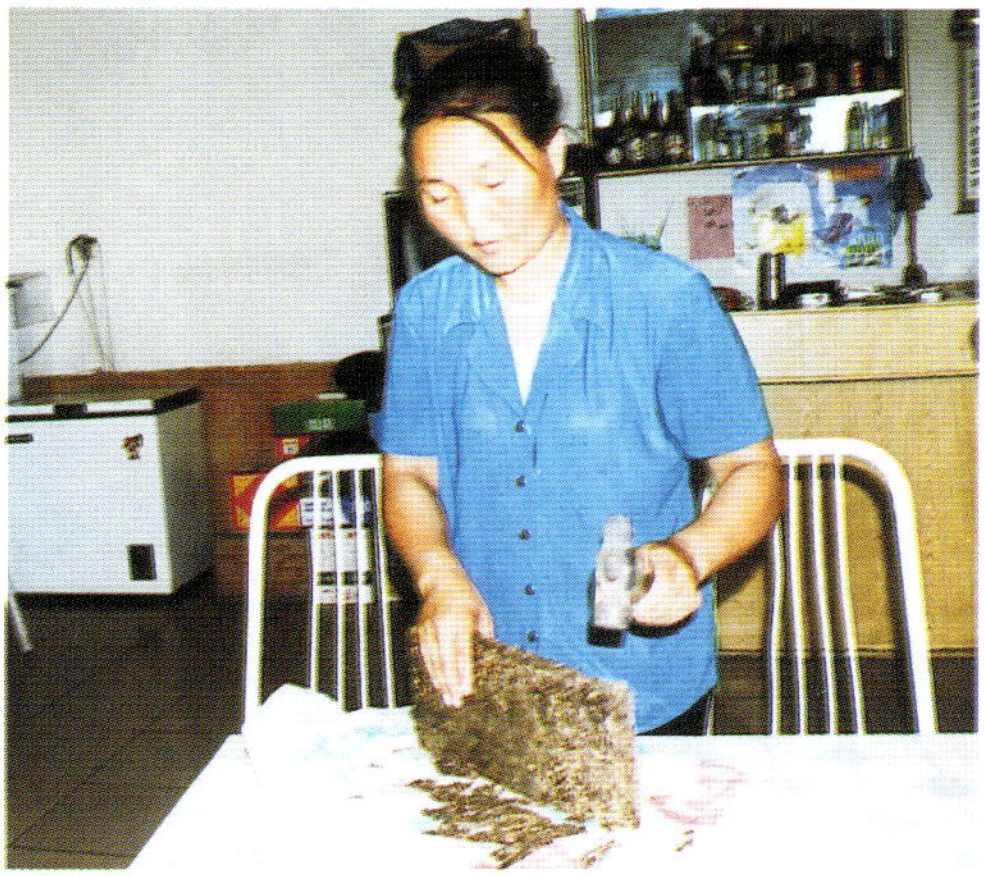

団茶を金づちで砕く（内モンゴル）

# 討論会の仕掛け人いわく……

…………………………有薗正一郎

「飲茶《いんちゃ》の起源地はどこか」討論会の討論者五人は、いずれもハードなフィールドワーカーです。チャ樹の原木があると考えられる中国雲南省から東南アジア諸国北部にかけての領域はもちろんのこと、北はモンゴルの草原、南はインドとスリランカ、西はトルコやモロッコまで出かけて、それぞれの視点からひたすら「チャ（植物）と茶（飲み物）」を追い求めてきた「こだわりの人々」です。

私もこの五人にくっついて「チャと茶」を探す旅に九回参加しました。目的地はおよそ山の中ですので、そこに着くまで未舗装のデコボコ道を四輪駆動の自動車でまる一日から二日走ります。時速はおよそ三〇㎞、半世紀前の田舎のバスと同じイメージです。四輪駆動車は何のためにあるのかが、よく分かる旅です。一日中揺られると体中の関節が緩んで、ガタガタの状態になりますが、五メートルを超えるチャの大木と出会えた時の感激は、行った経験のある人でないと分からないと思います。そして、旅から帰って一か月ほどの間は二度と行くまいと思うのですが、三か月もたつと薄れてきて、また行こうという話が出ると、つい手を上げてしまうのです。

私はチャと茶には関心がありません。皆さんにくっついて行って、目的地を往復する間の土地利用を観察するのです。その私になぜ皆さんから声がかかるのかというと、私は地図が読めて、自動車で移動中に今どこにいるのかが分かるので、カーナビとして役立つらしいのです。

旅行中の私の楽しみは、田舎のレストランで夕食をとったあと、同行者の中の誰かの部屋に集まって、地酒を飲みながら、「チャと茶」に関する激烈な討論を聴くことです。

昨年十一月はラオス北端のウドムサイとポンサリのホテルで、この討論を聴きました。豊川流域で言えばウドムサイは新城、ポンサリは田口にあたる町です。ウドムサイは東へ山二つ越えるとベトナム、ポンサリは西の山の向こうは中国雲南省の西双版納《シーサンパンナ》です。

ウドムサイでもポンサリでも、皆さん現地調査にもとづいて、自分の研究視点から持論を展開され、お互い勉強になることが多々ありました。私はいつものように観客としてこの討論を眺めていたのですが、ふと「この人たちだけの知識にしておくのはもったいない。一度白面《しらふ》で討論会をおこない、互いの知識を増やすとともに、チャと茶について関心を持つ人々に現地での討論の雰囲気を味わってもらうのも一興である」と思いました。そこで、皆さんにこの思いつきを披露したところ、とても四十度と六十度とは思えないまろやかな米焼酎の効果もあったのか、すぐに「やろうじゃないか」ということに決まりました。

今回の討論会では、栽培チャ *Camellia sinensis*（var. *assamica* を含む）の飲用起源地はどこかの討論をおこないました。そして、これまでの現地調査にもとづく飲茶の起源地論を、討論者それぞれが表明し、討論することにしました。そして、討論することに意義がありますので、結論は出さないことにしました。

討論会の前半は皆さん十二分の持ち時間で、チャと茶の起源地論を発表し、後半は仕掛け人の私も含めた六人の討論です。私が質問を投げかける方式で討論をおこないました。皆さん得意とする分野があるので、「飲茶の起源地はどこか」論集団格闘技戦といったところです。集まっていただいた方々には、それを眺める観客に徹してもらいました。しかし、それでは消化不良のままで帰ることになるので、討論会の終了後、討論者の皆さんに会場に残ってもらって、個々の質問に答える時間を設けました。

飲茶の起源地についての論文の数は掃ききれないほどあると思われますし、またこれまで多くの討論会が開かれたと聞いています。例えば、中国江西省社会科学院が編集している『農業考古』という雑誌は一年に四冊刊行されますが、そのうちの二冊はチャと茶だけを対象にする論文集です。また、私が知っている範囲では、一九九六年六月に豊茗会が「茶の原産地とその文化」というテーマのシンポジウムをおこなっています。その時の発表者の一人であった布目潮渢さんの見解は、およそ次のようなものでした。

(一) 中国の野生チャ樹は雲南・四川・貴州・広東・広西・福建・湖南の各省にある。
(二) 茶食と飲茶を前後関係で考える必要はなく、飲茶は飲用の歴史の中で考えてよい。
(三) 製茶法は漢族が四川で開発し、周辺の少数民族に伝わり、換金作物のチャを少数民族も栽培するようになったのではないか。
(四) 漢族は漢(紀元前二〇二~紀元後二二〇)の時代に四川で茶を飲んでいたと考えられ、唐(六一八~九〇七)の時代には飲茶が一般庶民にまで普及した。

（五）チャ樹の原産地は雲南、飲茶の発祥地は四川である。

また、今回の討論者の一人である松下智さんは、雲南省の少数民族はなぜ茶を飲むようになったか、飲茶の習俗はどの道を通って雲南省の少数民族に伝わったかについて、次のように述べています。

（一）雲南省南部の少数民族はビンロウを噛む習慣を持つ。茶の利用はビンロウに代わるものである。

（二）茶との関わりが深いヤオ族の故郷は湖南省の武陵山である。武陵山に住んでいたヤオ族の中に漢族の本草の知識が入ってきて、チャ樹の利用が始まった。

（三）武陵山に発した茶の文化は、四川省で茶業の発展を生み、ここから雲南省南部のチャ樹の原産地に伝わり、また雲貴高原を南下する道からも雲南省南部のチャ樹の原産地に伝わった。

豊茗会のシンポジウムから十年が過ぎた今、現地調査でどんなことが明らかになったか。これから五人の発表と、私を含めた六人の討論を、とくとご覧ください。

ここで、茶の「発酵」という用語の説明をしておきます。茶の発酵とは、茶を製造する過程で、茶葉が有する酵素によって茶葉に含まれるタンニンが酸化して、赤褐色の茶葉になることをさします。緑茶などの不発酵茶はこの酸化工程がない茶、ウーロン茶などの半発酵茶は生葉を短時間日光にあてたあと室内に移し、酸化させてから加熱して酵素の働きを止めた茶、紅茶などの発酵茶は一定の温度と湿度で茶葉を酸化させてから弱火で乾燥するので酵素による酸化が続いていく茶です。したがって、微生物の働きによる発酵とは異なります。このことを頭の片隅において、この報告書を読み進めてください。

さて、「飲茶の起源地はどこか」についての討論会を愛知大学綜合郷土研究所（郷土研）が主催した理由を申し述べます。

三河と南信濃には山間部に茶の産地があり、遠江は日本で最大規模の茶の産地、三河の西尾は抹茶の原料になる碾《てん》茶の産地です。それらは飲茶の起源地から中国を経て、どの時代かに日本に伝わり、三遠南信の地に定着したものの子孫です。今回は三遠南信地域に定着した茶の出発地を探るという意味で、郷土研と関わりがあります。飲茶習俗が中国と日本をどう通ってきたかは豊茗会の研究にお任せしますが、三遠南信地域の茶までたどり着いたら、また郷土研で討論会をおこないたいと考えています。その日が近い将来に来ることを期して、討論会仕掛け人の「はしがき」をくくることにします。

# 第一部——発表

# 飲茶用茶葉の元植物としてのツバキ属チャ節の種……………………横内　茂

## ❏序に代えて

チャ（*Camellia sinensis*）は、中国でおよそ二千年前に編纂された『爾雅』に初見されるというが、これは本種にたいする漢字の一つ「荼《と》」が現れた古い記録であるらしい。その後、唐代に至って陸羽著『茶経』が集成され、飲茶《いんちゃ》についてはもとより簡単なチャの植物形態・生態的な知見も記述された。この点は注目に値する。

『茶経』の中に述べられたチャの自生地「南方」について、布目（二〇〇一）は中国華南であったとし、さらに「巴山、狭川」の地は四川省と陝西省との間に位置する大巴山脈であるとした。ではあるが、この山脈にはチャ節（後述）の種の記録は存在しない。このために当時、二抱えほどもあるチャ樹が存在したという『茶経』の記述を信じるならば、さらに「巴山、狭川」の地を他所に求めざるを得ないのではないかと思う。かりに、この地を四川省一帯と解釈するならば、チャと*Camellia gymnogyna* var. *remotiserrata* が分布しているので、このどちらかが二抱えの幹に成長する植物ということになる。一方、松下は、『茶経』の「巴山、狭川」を湖北省の鄂西

トーチャ族ミャオ族自治州から湖南省の武陵山あたりまでとしているが、このあたりであればチャと *Camellia ptilophylla* が分布している。しかし、この二種の幹が二抱えほどに成長するとは考えられない。

『茶経』の記述中にある、「二抱え」ほどに幹が成長するチャの仲間を、現在知られているチャ節の種に求めるならば、広東省、雲南省南部、ベトナム北部にその地を求めなければならないことになる。

このように、飲茶にかかわる、またはその茶葉の元植物に関して、文化系、生物系の研究者が互いに情報を共有することがほとんどなされていない。また、茶学の分野では、中国の雲南がチャの起源地であるとする説は、鵜呑みにされた傾向が強い。チャ以外の種が存在するという現実さえほとんど認識していないようにも思える。茶葉が取れれば植物学的種類など詳細に論じる必要がない、という意見も存在する。チャの起源地が飲茶文化の発生地であるとする言動は無謀であるように思える。また、常々チャの植物学的起源と飲茶の起源について、同じ土俵で論じられてきた点に疑問を持つ。

飲茶の問題からそれてしまった。筆者は、チャとその近縁種についての植物学的調査を中国南部を中心に行ってきたが、まだ氷山の一角を眺めたに過ぎない。したがって、ここでは、筆者のフィールドノートから、飲茶にかかわるチャ節の種について、現地で得た知見のみを報告しておきたいと思う。

## ❏チャ節とは何か

チャ節は、チャ（*Camellia sinensis* = *Thea sinensis*）をタイプとしてまとめられたツバキ属の中の小グループで、閔（一九九二、一九九九）は、以下のおよそ十二種ほどを帰属させた。またその分布域は、中国雲南省を中心に長江以南からインドシナ半島に及んでいる。

チャ節は、花の柄が明瞭である、小苞が早落性である、がくが明瞭に分化して存在している、雌しべの花柱は先端で三裂または五裂する、という形質をもって、近縁の節と分類されている。言い換えれば、これらの形質を持つ種がチャ節に属す種ということになり、各種の形態が多様であるために分類は非常に難しい。

以下、閔による本節に属す種であるが、これらはさらに種を整理することが可能であるかもしれない。なお学名の末尾の漢字名は中国名である。

*Camellia tachangensis*：大関茶
*Camellia gymnogyna*：禿房茶
*Camellia grandibracteata*：大苞茶
*Camellia taliensis*：大理茶
*Camellia crassicolumna*：厚軸茶
*Camellia costata*：突肋茶
*Camellia leptophylla*：膜葉茶

*Camellia fangchengensis*：防城茶
*Camellia purprea*：紫果茶
*Camellia ptilophylla*：毛葉茶
*Camellia sinensis* var. *sinensis*：チャ、茶
var. *assamica*：アッサムチャ、普洱茶
var. *pubilimba*：白毛茶

## ❏私的フィールドノートからの大チャ樹

筆者のフィールドノートから、中国雲南省を中心に以下の九か所におけるチャ節の種で、特に現地で大チャ樹と称されているもの、またはこのような古木が群落をなしている現状について概説する。

### 中国雲南省鎮沅県の大チャ樹：*Camellia crassicolumna*

海抜二四五〇メートルの常緑広葉樹林中に自生する大木で、中国の研究者によると樹齢二六〇〇年という。しかし、樹齢の推定については信憑性が乏しいように思える。樹高は二八メートル、幹の基部で径一・二メートル、樹冠は径二十メートル強で世界最大のチャ節に属す個体であるとする点には異論がない。

この個体が自生する千家寨上埧の森林は原生林と報告されているが、畑の跡らしき地形や、林中には古い道が存在するところから二次林の様相もうかがえる。しかし *Camellia taliensis* の近

縁種である本種が、極相林の構成種として存在している点は、西盟の大チャ樹群と類似している。地元の話では、一九八三年、李世由なる人物が薬草採集のために入山し、この大木を発見したという。さらにこの森林には、他に二十本近い本種の大木が存在するということで、森林内に自生する古い生態型を温存している。

鎮沅県の九甲郷では、本種を飲茶に使用していた。地元の民は山仕事のおりに森林内に自生する幼木から新芽を摘み取って帰る。一方、新しく開かれた茶畑には、本種が植栽されているものの、栽培下の多くのアッサムチャ個体との間に交雑が進んでいるようで、雑種起源の個体と推定されるものもかなり多く、青芽、赤芽があって雑多な茶畑であった。

### 雲南省西盟の大チャ樹群：*Camellia taliensis*

同所には、二次林としての常緑広葉樹林が存在しているが、本種はこの構成種の一種であり、*Camellia taliensis* の老木が階層構造上の高木層の優占種として存在している。このような現象は注目に値するものであり、森林内では、樹高十メートル以上の個体がすこぶる多く認められた。飲茶のために、本種の比較的若い低木から新芽が採取されていた。また換金用には、茶畑に新しく導入されたチャが用いられ、さらに人家の周辺に植栽されたアッサムチャが摘み取られている光景も見かけた。

### 雲南省勐海県、巴達山の大チャ樹：*Camellia taliensis*

この大チャ樹は、元来、畑などに面した疎林内に自生していたものであろうと推定された。樹高はおよそ三二メートル、樹齢一七〇〇年、幹の径は一メートルほどもあって、*Camellia taliensis*

としては最大級の個体の一つである。現在は、近くにダムが作られたことで一帯の植生も変化するものと想像され、今後、保全策も講じられるようになるのではないかと考えられる。

この個体に対する飲茶の利用は確認されなかったが、近くには同種の疎林が存在し、現在でもこれらの木から新芽が摘み取られている。摘み取り作業の関係からか、樹高は四メートルほどに成型されていた。なお周辺には *Camellia purprea* と思われる個体が多く存在したが、これらの新芽を摘み取った痕跡は観察されなかった。

**雲南省潞西、江東の大チャ樹：*Camellia taliensis***

畑の隅に独立して存在する個体で、種は *Camellia taliensis* でよいと思う。現地の育種学者が、この個体をタイプとして *C. jiangdongnensis* とする学名を準備し、裸名で公表したが有効ではない。この個体は *Camellia taliensis* の個体変異に過ぎず、新種とする必要がないと思う。またこの個体の樹齢は数百年と推定されるのみで、自生の個体が栽培下に取りこまれたものであろうと考えられている。樹高は一〇メートル、樹冠は径三〜六メートル。

この個体から現在も、飲茶のために新芽が摘み取られている。すぐ近くの農家でこの大チャ樹から作った茶を飲ませてもらった。

**広西省百色市、大楞郷の大チャ樹：*Camellia kwangsiensis***

この個体は、カンチク類の林中に自生し、最大の個体で樹高一〇メートル程度、樹皮は白黄褐色で樹冠は径六メートルほど、植栽からエスケープしたものかどうか不明である。近くの峠には水路があって、周辺の地形は人為的であるといえる。他にも数本の大木が存在する。

本種については、同所から実生を持ち帰り国内で植栽実験を行っているが、十数年を経た現在も花芽分化を見ない。日長にかかわる生理的な問題を抱えた種と考えられる。筆者は、現地での腊葉標本からこれらの個体を *Camellia kwangsiensis* と考えているが、今後の調査が必要である。中国の研究者はアッサムチャと報告したが、これは誤同定である。

これらの個体群が、飲茶のために利用されている様子は観察されなかった。

**雲南省西双版納《シーサンパンナ》タイ族自治州、南糯山の大チャ樹：*Camellia sinensis* var. *assamica***

この個体は、現地で「茶樹王」と称されたが、樹齢八〇〇年との伝承があり、亜熱帯性の常緑広葉樹林内で自生または栽培成育したものと推定される。しかし残念なことに数年前に枯死した。この原因の一つにセメントの堤を作り客土したことがある。周辺の疎林には低木のアッサムチャが植栽され、特有の樹形となっている。

この「茶樹王」では、三十年前、明らかに茶摘がおこなわれていた。さらに周辺の個体群も同様に飲茶のための新芽が採取されている。

**ベトナム北部、ソイザンの大チャ樹群：*Camellia sinensis* var. *assamica***

同所の大チャ樹の群落は植栽されたものであり四、五メートルの樹高で数百本からなっている。農家の庭先には、樹高五メートルほどに成長したものがあって、樹齢四〇〇年と推定される古木が存在した。これらソイザンの大チャ樹群落は自生のものから植栽下に導入されたものか否かについては不明であるが、形態が多様性に富んでいるために、かなり自生状況に近い個体群のようにも思える。中国雲南省のアッサムチャとは若干形態が異なっているように観察された。

これらの個体群は、飲茶のために新芽が採取されており、緑茶が作られる。この茶葉の一部は日本にも輸出されているという。

### ラオス北部、コーメン村の大チャ樹群：*Camellia sinensis* var. *assamica*

ラオス北部は、隣接する中国雲南省南部の亜熱帯性常緑広葉樹林に連続しており、この村の大チャ樹群は二次林の構成要素の一種となっている。また、茶畑を放置した後に成立した代償植生とも考えられ、これらのアッサムチャの樹齢は二〇〇〜三〇〇年といわれ、樹高は一〇メートルほどの個体から二、三メートルの個体までさまざまで、コーメン村の環境を物語っている。また同村を取り囲むようにチャ群落が成立する景観は壮観であり一見に値する。松下智氏によれば、これほどの規模で大チャ樹群落が形成されている例は、同村の他に見出し難いだろうという。

ここでは、この大チャ樹群落を構成する植物をアッサムチャとしたが、典型的なアッサムチャとは若干形質の異なるところがある。

この大チャ樹群から、現在も細々と新芽を採取しているが、この摘み採り時期は乾季・雨季ともに限られていないという。なお同村では、製茶がすたれ、大チャ樹は切り倒され、幹は建築用材などに利用されている。

### 中国広東省、連南のチャ樹群：*Camellia sinensis* var. *pubilimba*

同所は、石灰岩からなる山脈にあり、自生地は貧弱な二次林で、コウヨウザンの植林のために植物群落の構成種は極めて貧弱であるように見えた。この林縁に樹高二、三メートルの個体が散在したが、現地で採集した腊葉標本から *C. sinensis* var. *pubilimba* と同定した。

表1　中国雲南省を中心とした飲茶に使用されるチャ節の種（●印）

| | 鎮沅県九甲郷 | 西盟 | 巴達山 | 潞 | 百色 | 南糯山 | ベトナムソイ山 | ラオスコーメン村 | 連南 |
|---|---|---|---|---|---|---|---|---|---|
| *C. taliensis* | | ● | ● | ● | | | | | |
| *C. crassicolumna* | ● | | | | | | | | |
| *C. kwangsiensis* | | | | | × | | | | |
| *C. sinensis* var. *assamica* | | | | | | ● | ● | ● | |
| *C. sinensis* var. *pubilimba* | | | | | | | | | × |

現地では、これらの個体から飲茶のために若葉を採取した様子はない。近くに開かれた新しい茶畑のチャから茶葉を採取している。なおこの一帯には *Ilex kaushue* が自生し、これは地元で「苦丁」と称して飲茶の代用とされている。またこの植物は、中国の古い文献にある「皐蘆」との関連が想像される。

## ❏まとめ

閔（一九九二）は、飲茶に使用されるチャ節の種は、先に列記した種の大半が使用されていると報告している。しかし、筆者が中国南部を中心にわずかな現地調査に参加した結果では、飲茶に使用されているチャ節の種は限られたものであった（表1参照）。特にチャは新しく開かれた茶畑に栽培されたものが使用されているケースが全てであったといえる。他方、中国南西部での飲茶に関わる種には、多くの場合 *Camellia taliensis* が存在した。さらに同地域やベトナム、ラオス北部で飲茶と関わるチャ節の種はアッサムチャが存在した。

また雲南一帯では、チャが使用され始めた時代は比較的最近になってからのことで、この現象に先行する植物がアッサムチャであったのではないかと推定された。

さらに雲南一帯の丘陵地帯では、飲茶用茶葉製造にはアッサムチャが使用され、山岳地帯の森林内や林縁での茶葉製造には *Camellia taliensis* が使用された、という大きな使い分けの傾向が存在したのではないかとも推定される。

## 参考文献


Sealy, R.（一九五八）A Revision of the Genus *Camellia*. R. H. S.

閔天禄（一九九二）山茶属茶組植物的訂正　雲南植物研究　一四（二）一一五－一三二頁。

陳公琰（一九九四）茶樹原産地—雲南　雲南人民出版社。

閔天禄（一九九九）山茶属的系統大綱　雲南植物研究　二一（二）一四九－一五九頁。

横内茂（一九九九）ツバキ雑記（三）椿二四。

横内茂（二〇〇〇）チャ節の分類史略（一）茗　四、四九－六〇頁。

布目潮渢（二〇〇一）茶経詳解　淡交社。

横内茂（二〇〇三）ツバキ属の分類—特にチャ節について　日本茶の起源をさぐる　一八－三三頁。

# 飲茶と民族

松下　智

## ❑はじめに

飲茶の起源地に関しては、チャの原産地の究明と直結することになるが、今日までチャの原産地は、中国雲南省南部の西双版納《シーサンパンナ》タイ族自治州を中心とする地方ではないかとのほぼ共通した認識があった。

こうした共通認識は、主として歴史学の見解であって、自然科学の立場、ことに、現地の調査に基づいた調査からの認識ではなかったようである。それは、西双版納タイ族自治州を中心とする、雲南省、ベトナム、ラオス、タイ、ミャンマー、さらにアッサム地方は長い間国境の未定地域、極言すれば第二次大戦後になってようやく決定した地域で、現地の立入り調査が不可能だったからである。

西双版納タイ族自治州に入れるようになったのは、一九八〇年からであり、それでも自由にどこにでも入れたわけではなく、そうなったのは、二〇〇〇年以降のことである。

私は、一九八八年以来十三回、西双版納タイ族自治州を中心に周辺諸地域を訪ね、チャの原産地としての考証を進めて来たが、二〇〇三年になってはじめてチャの原産地の一環ではないか、と思えるチャ樹の自生地を見ることができた。しかし、これも限られた一地域であって、同地方全域を面として調査した結果ではない。

こうした限られた地域ではあるが、調査結果をふまえて、チャの原産地について次のように考えている。

西双版納地方ではチャ樹（大葉種）は原産したが、それを利用する文化としての製茶と飲茶は発生しなかった。茶の文化は雲貴高原の北端に発生し、チャ樹は北上したが文化は南下した。

以下、チャ樹は「チャ」とし、西双版納タイ族自治州は「西双版納」と記述する。

## ❏チャの原産地について

長い歴史を有するチャであり、その原産地についても諸説があるが、近年になって西双版納を中心として、四川省東南部から湖北省、湖南省西部に至る氷河期の影響の無かった所という大雑把な見方もあり、その中心は雲南省南部、西双版納あたりが中心になるのではないか、との説が支持されているようである。

しかし、この地の現状について科学的調査はほとんど行われておらず、大方が推測の域を出ていない。日本や中国の研究者は、クラスター分析を行ない、科学的根拠に立った説であるとしているが、現場の自生チャを材料とせずに栽培チャを材料としているので、まったくの推測の域を出ないものである。

図1　西双版納タイ族自治州易武郷で見出された大葉種の自生チャ樹（カットはチャ葉）

現場の調査結果から見ると、西双版納の西方、すなわち、雲南省思茅地区からジンポー族タイ族自治州、さらに続くインドのアッサム州にかけては、チャの変異が少なく、自生チャと見られるものは極めて少ない。

西双版納の南方、すなわち、タイ、ラオス、ミャンマー等の山地にもチャの変異は多くない。この地方は多くがモンスーン地帯に入り、雨季と乾季が明確に区分されており、乾季にチャの生育が不十分なため、チャの自生は不可能ではないか。

西双版納東部は、雲南省東南部から広西チワン族自治区、さらに雲貴高原へと続くが、この地方にはチャの変異種が大変多い。この地方は雨季と乾季の区別は明確でなく、乾季の十二月、一月でも雨のあることが多いので、チャも自生するには十分ではないかと推測される。西双版納東部の勐腊県易武郷にはラオスとの国境山地が連なっており、この山地に自生チャの生育が認められる（図1）が、大葉種が中心であって、中葉種、小葉種は見られない。

こうした実態から見て、雲南省南部から広西チワン族自治区、さらに広東省、そして西方はラオス北部からミャンマー北部へと通ずる「北回帰線」を中心とする領域にチャの分布が認められ、西双版納東部の大葉種に続いて、広西チワン族自治区、広東省、さらに湖南省南部には中葉種、ここからさらに湖北省西部地方には小葉種のチャが分布している（図2）。こうした分布は西双版

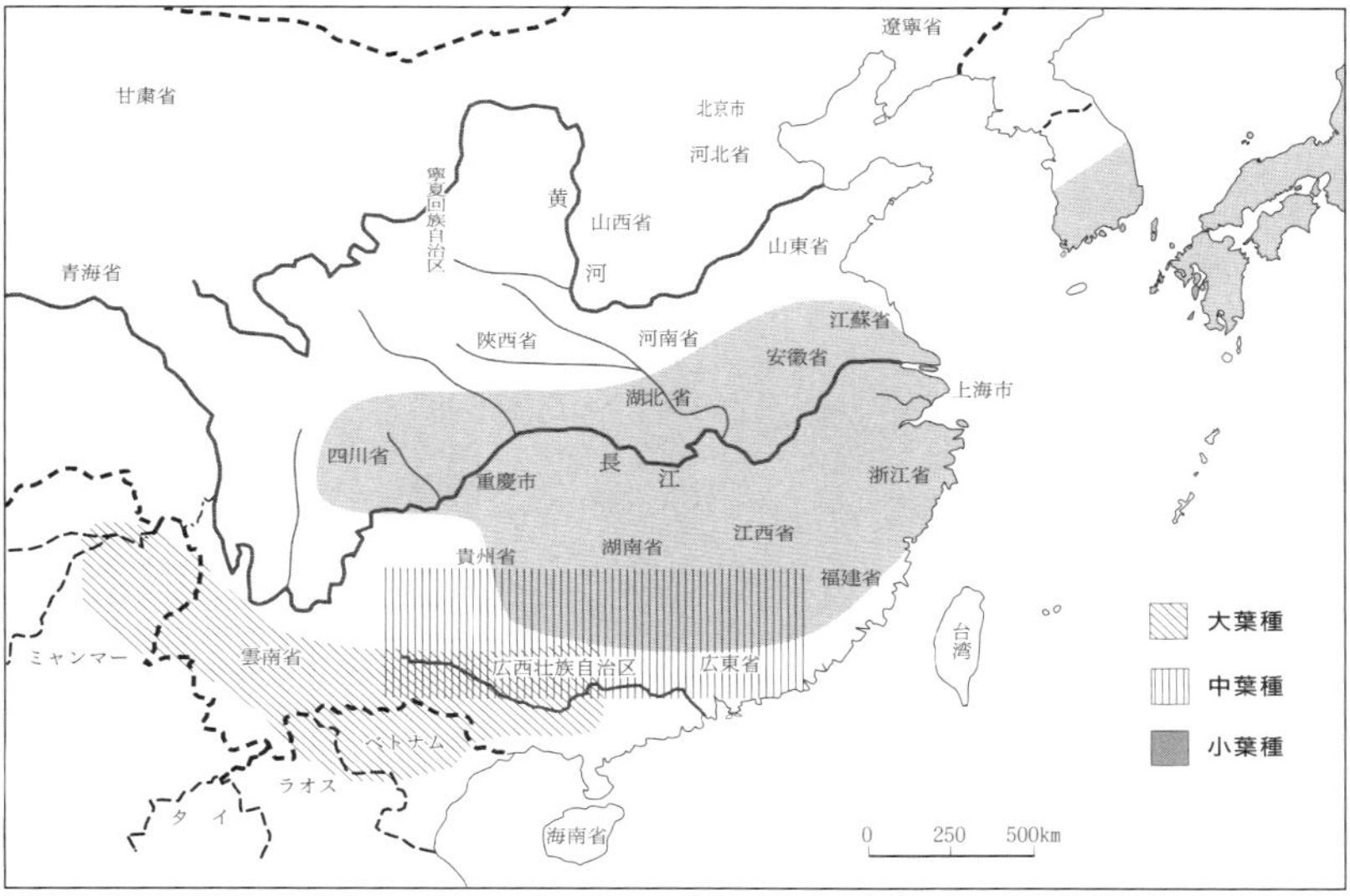


図２　雲南省南部を中心とするチャの分布

納から西方諸地域には見られず、西双版納東部から雲貴高原に及ぶ地域が、チャの原産地といえるのではないかと思われる。

## ❏茶の文化（製茶、飲茶）の発生について

チャの原産地が西双版納地方ではないか、との説に基づいて、茶の文化としての製茶、飲茶も西双版納で発生したものであり、また同地方に伝わる「漬け物茶」のような食用茶、噛用茶の存在が、飲用以前の形態を示していることから、西双版納が茶の起源地である、との提言がある。これは、飲茶文化史の一般常識的な見方であって、茶そのものについては不適切な見解である。私は、西双版納地方には茶の利用以前から伝統的に「ベテル」の習俗、すなわち「檳榔《びんろう》」やその類似品の利用があり、そこへ茶が伝わったと見ている（檳榔に関しては後述）。

製茶と飲茶に関しては、現在の茶は、茶の葉に何らかの加工があって、飲用に供されるが、加工がないと茶の利用ができないわけではなく、生の茶葉をそのまま利用

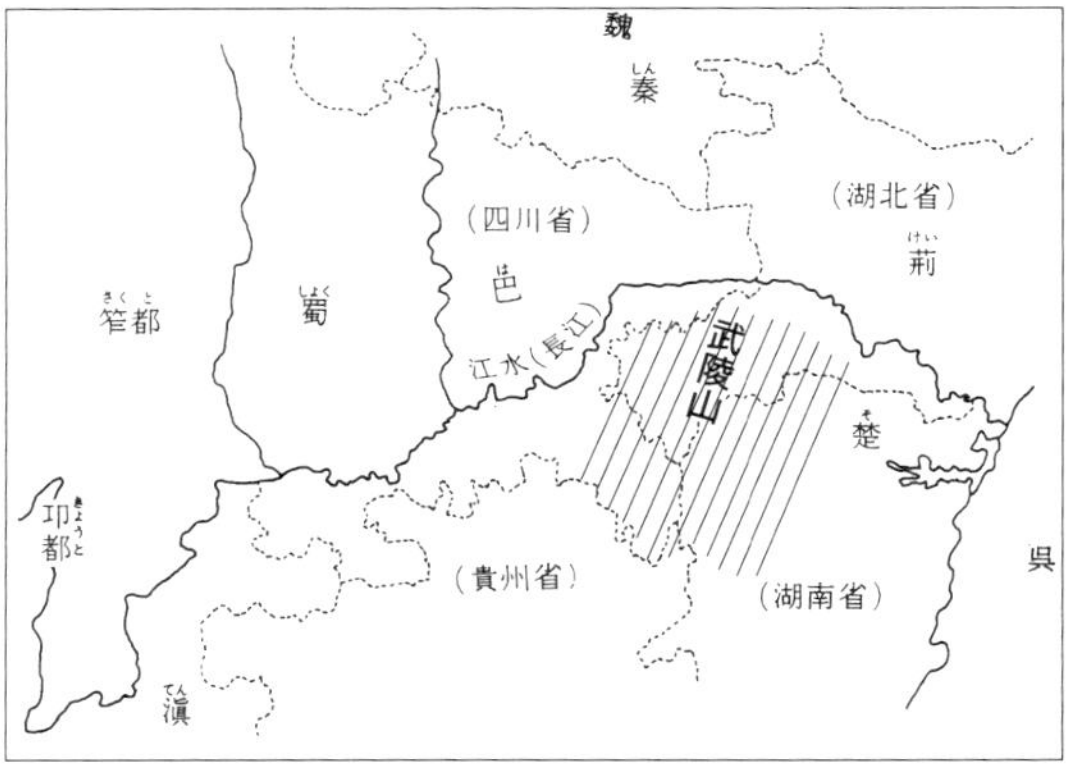


図３　古代の巴蜀関係図と武陵山一帯

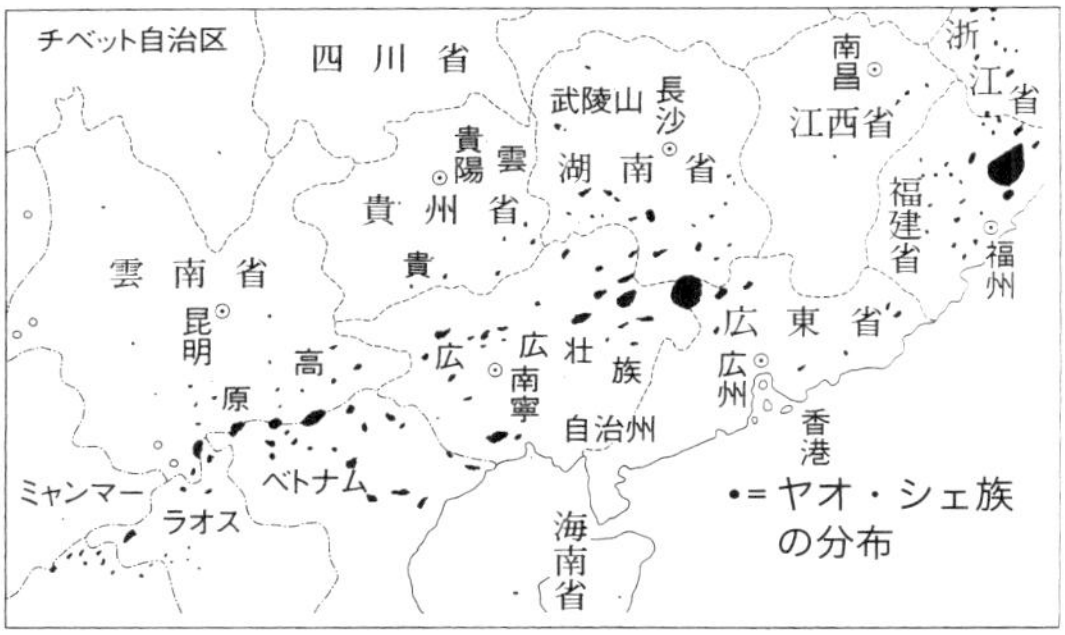


図４　ヤオ族・シェ族の分布

することもあり得たはずである。現在、生の茶葉をそのまま利用するのは極めて少ないが、その一つに湖南省西部の常徳市地方に伝わる「擂茶《レイ》」があり（口絵写真参照）、ベトナムでは生の茶葉を熱湯の入るポットに詰めて、数分経てから茶碗等に注いで飲む習慣もある。

擂茶の習俗の歴史を示す資料は持ち合わせない。中国茶史で製茶法、飲茶法が具体的に明示されるのは、晋代（二三〇年前後）の『広雅』であり、これを利用した唐代（六一八－九〇七）の『茶経』が茶の利用法を綜合的に取りあげている。

こうして見ると、茶の利用としては三国時代頃からのことであって、西双版納の茶史よりはるか以前となるわけで、この擂茶の習俗が雲貴高原を南下して西双版納に到達し、西双版納地方に自生するチャの利用となったものであろう。

擂茶の南下につれ、「打油茶」「油茶」（口絵写真参照）へと簡便化され、さらに茶だけの単独利用となったもので、こうした茶の利用法は、雲貴高原北端の「武陵山」地域に古来より定住する

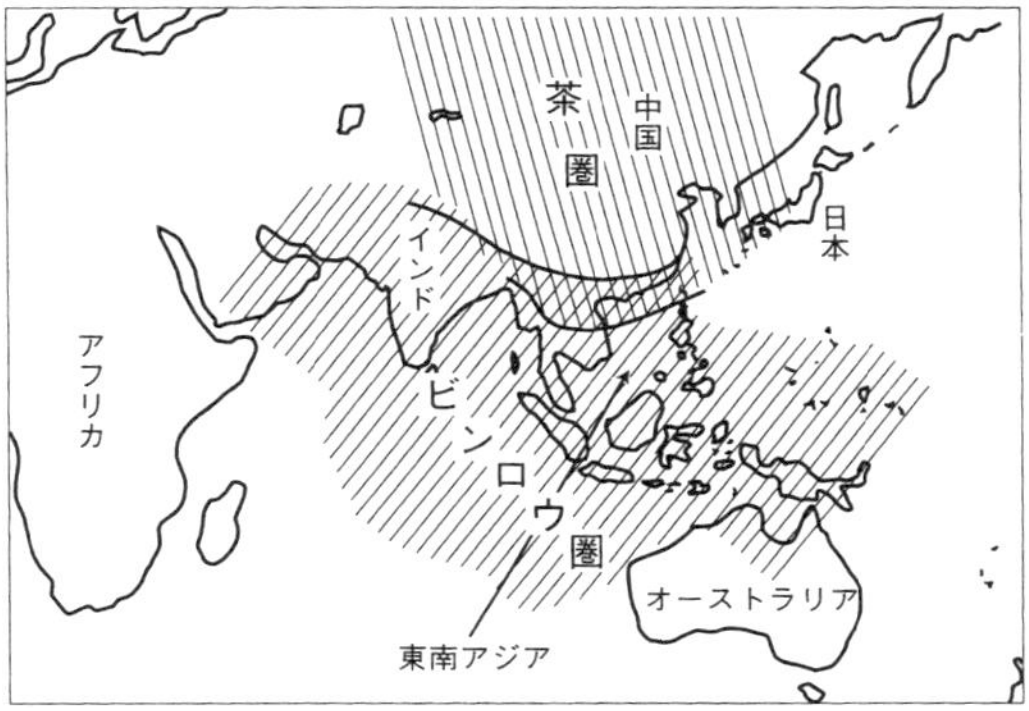


図5　雲南省南部の檳榔と茶の競合

蛮族、ことにヤオ族に見ることができる（図3・4）。ヤオ族と漢族との接触により、漢化の強いヤオ族が山地植物としてのチャの利用法を漢文化として雲貴高原を南下するにともなって伝えたのではないか、と考えている（図5）。

ヤオ族も長い歴史と共に種族の分化があるが、ヤオ族としてのアイデンティティともいえるほど、どの種族も茶を利用しており、種族は異なるが茶の扱いに関してはほぼ共通している。それと同時に、ヤオ族にあってはどこへ行っても日常生活に茶は絶対欠くことのできないものとなっており、茶畑による茶の生産はなくても、家の周囲や畑の隅に数本のチャを植えて自家消費に利用している。

中国の名茶産地の各地にヤオ族の住む所が見られるのも、ヤオ族と茶のかかわりの深いことを示すものである。

### ❏檳榔《ビンロウ》圏と茶

清時代初期頃（一七世紀初期）には、広西チワン族自治区のチワン族にも檳榔（*Areca catechu* LINN.）を噛む習慣のあることが、『嶺外代答校注』（（宋）周去非著、陽武泉校注、中華書局、一九九九年）に記されている。中国の南方には古来より檳榔の習俗があったが、漢族の南下と共に各民族の漢化が進み、茶の利用が檳榔の習俗に取って代っている。檳榔もほぼ茶と同様の効用をもっており、雲南省南部から東南アジア一帯、さらにインド大陸に広く分布している。檳榔の植物学的特性から、亜熱帯から熱帯地方の低地数百メートル内外の地に自生しており、そこに住む諸民族には、茶同様の効用をもつものとして利用されてきた。したがって山地に自生するチャについては、その利用はなかった。北方からの茶の利用が漢文化として伝えられ、山地に住むヤオ族によって漢文化としての茶の利用が伝えられたと考える（表２）。

タイ族などは積極的に漢文化と共に、茶の利用を檳榔に代えて受けいれ、伝統的であった檳榔習俗は大部分が茶に代っているのが現状であり、プーラン族やベトナムのキン族などは、現在檳榔から茶に代わりつつある。その途上にあるのが、噛み茶と、ラペソーである。同様に西双版納や東南アジア山地の諸民族の居住地は檳榔の育たない山地であり、ワ族は麻栗（*Quercus acutissima* CARR.）、楊梅科植物の幼芽や茎を煮詰めて、膏薬のようにして噛んでおり、ジーヌオ族にはアカシアの利用があり、タイ族には伝統的に「核児茶」としてアカシア（*Acacia cathecu* WILLD.）の葉や幼茎が利用されていたようである。

東南アジアから、オセアニア諸国、さらにインド大陸からアッサム地方と檳榔圏が茶の伝来以前からあった。そこへ茶が伝来し、現在その接点ともいえる西双版納、ベトナム北部、ラオス北部、タイ、ミャンマー等で競合しつつある（図５）。

## ❏おわりに

長い間、茶の文化としては漢族、漢文化を中心として語られてきたが、チャの植物学的特性か

表２　茶と檳榔特性比較

| | チャ樹 | 檳榔樹 |
|---|---|---|
| 主育標高 | 1,500～2,000m | 500～1,000m |
| 生育温度 | 5～20℃、亜熱帯～温帯 | 16～40℃、熱帯～亜熱帯 |
| 雨量 | 1,500mm 内外 | 1,500mm 内外 |
| 土質 | 弱酸性 | 選ばず |
| 地理的分布 | 東アジア、西南アジア、東南アジア、全世界 | 華南、東南アジア、オセアニア諸国、西南アジア |
| 利用民族 | アジア山地、平野各民族 | 華南平地、東南アジア、西南アジア、オセアニア諸国各民族 |
| 利用部分 | 芽、葉 | 果実＝種子 |
| 効用成分 | 喉の渇き、消化、解毒、タンニン、カフェイン | 喉の渇き、消化、解毒、タンニン、カフェイン |
| 使い方 | 生食、乾燥、飲む、日常生活、食前・後、お湯浸出、単用、混用、もてなし、儀礼 | 生食、乾燥、噛む、日常生活、混用、もてなし、儀礼、食前・後 |
| 使う人 | 大人、男女、小人（少ない） | 大人、女子、男子、小人（少ない） |
| 長所 | 年間利用可能、単品利用、多人数でも可、お湯を必要とする、加工必要 | 加工不要、お湯不要、個人で楽しむ |
| 短所 | 加工を必要とする、施設・設備・お湯を必要とする、器を必要とする | 混用を要する（石灰、キンマの葉）、不潔感あり |

ら見ると、山地植物なので、その山地に住む民族によって茶の利用が始められたことは容易に推測される。したがって、漢族、漢文化以前の山地民族による茶の利用を直視する必要がある。さらに雲南地方の諸民族の茶についても、茶の利用法が伝わる以前に茶と同様の効用を持つ檳榔や麻栗の利用が継承されていたし、飲茶の起源に関しても同様なことがいえる。漢文化としての茶の文化も、その原点にかえって検討する必要がある。

# 調理法から見た中国の飲茶

南　廣子

し好飲料の「茶」は、薬用植物としてわが国へ奈良時代に中国から渡来してきたと言われている。正倉院文書の「茶」の記録に始まり、時代を経て現在まで、日常の飲料として長期にわたり愛飲されているものである。最近の健康指向が高まる中、茶の生理活性が次々に発見され、研究成果により機能性食品としての有用性が証明されてきた。

今回は、中国の文献（中国食経叢書・中国菜譜）から、茶を調理へどのように利用してきたか、その時代と歴史的流れから茶の利用形態、調理法、茶と食品との組合せについて報告する。

一、『中国食経叢書』や『中国の茶書』、『中国食物史の研究』などの文献中から検索した結果、漢代の『爾雅』、『僮約』をはじめ、北魏の農書『斉民要術』、唐代の『茶経』、元代の『飲膳正要』、『居家必用事類全集』、明代の『多能鄙事』『易牙遺意』『臒仙神隠』『宋氏尊生』など中国烹飪古籍叢書の中から茶を利用した料理を抽出した。清代以前の文献を中国食経叢書（以後は食経類と略す）と称する。

また、中華民国以後に出版された『中国菜譜』の安徽省、四川省、浙江省、湖南省、湖北省、江蘇省、北京の中国財政経済出版刊七冊、『中国名食百科』『民族食俗』なども参考資料とした。なお、以上の文献を現代の菜譜と記す。

二、緑茶生産地である湖北省の茶を利用した料理をフィールド調査した「油茶」についても合わせて報告する。

## ❏食経類にみられる茶を利用した文献（料理書）

### 茶を使った料理書（食経類）

中国では、紀元前から『神農本草経』に茶の解毒作用をはじめとして、『爾雅』の「茶（檟）は羹にして飲むべし」また、『僮約』には、「茶を売る、茶を煮る」という「茶」の文字が記載されていた。五五〇年に出版された『斉民要術』には、「羹とはスープ様のとろりとしたもの」であったように記載されていることから、『爾雅』の時代に茶を羹としてスープのようなものを、食していたと推測される。また、晋代の『司隷教』には「茶粥」とみられるが、今日の〝ちゃがゆ〟ではなく、「茶屑を煎じて飲む粥のようにとろりとしたもの」であったと報告されている。

唐代に陸羽が『茶経』を表わし、六の飲の項に固形の茶を粉末にし、釜に湯を沸かし野菜や香辛料を入れ塩味をつけて飲んでいたと記載されている。このことから唐代の茶の飲み方がうかがわれる。唐代の茶は固形の団茶（餅茶）を用い、薬研で砕いて粉末にしていたが、宋代に入ると一部茶葉へと製茶法の変容があった。そして、元代から明代にいたる過程で葉茶へ変化していったことが見受けられる。したがって、飲茶、食茶の利用方法も変貌をせまられたとも言える。なお、現在中国での製茶法は、ほとんどが葉茶で一部固形茶も生産されている。

## 調理への茶の利用（食経類）

食経類の中で最も多く出現する献立名は「擂茶」である。擂茶は、宋代の『甕牖閒評』に初見され、それ以後、元代の『居家必用事類全集』、『飲膳正要』、明代の『多能鄙事』など各時代の文献に記載されていた。

次に「枸杞茶」「蘭膏茶」は『居家必用事類全集』、『飲膳正要』、『多能鄙事』などにみられ、茶に枸杞の実や酥油（バター）、酒、水を加えて煎じたものである。また、「酥簽茶」は牛乳や酥油が用いられている。

## 茶の種類と利用形態（食経類）

菜譜の中で使用されている茶の種類からみると、芽茶は『甕牖閒評』、『飲膳正要』、『膠仙神隠』にみられ、茶の芽のみで作った白茶、雀舌茶は白茶と同様『居家必用事類全集』、『飲膳正要』に記されている。その他、紫筍茶は貴重な紫色の筍に似た茶品質を示し、また江茶は浙江省の茶、すなわち産地を表している。このように茶は上品質の種類を示し銘柄や産地、形状を指定していた。

次に、茶の利用形態は、葉茶、粉茶、茶汁の形態に分類した。葉茶のまま利用と記したものが五四・二％と約半分をしめ、固形茶（餅茶）を粉末にしたものが三七・五％、茶汁（茶の浸出液）が八・三％であった（図6参照）。

先述のように固形茶（餅茶）は唐・宋代には必ず薬研によって粉末にして利用していたことが特徴であろう。時代が下ると葉茶が主に生産されるので、葉茶を利用する形が多くなってくることがわかった。このように、茶を他の食品と一緒に混食していることが特徴ともうかがわれる。

### 調理法による分類（食経類）

食経類の葉茶を使った菜譜の中から調理操作について最終調理法により分類し、その調理法を熱の媒体により五つのグループに分けた。

その結果、最も多い割合を示したのは水を熱の媒体とした調理（羹、煮、磨、擂）で合計七四・二％であった。次に油を熱の媒体とした調理（炒）が一二・九％で、現在の分類から言えば油を用いた調理であるが、食経類では油を用いないで、中間体（鍋）を通して加熱する「煎る」操作であったとみた方が良いと考えられる。その他、蒸気を熱の媒体とした調理（蒸）が六・五％、直火・気体を用いた調理（焙）は三・二％であった（図7参照）。

### 添加材料による分類（食経類）

茶とともに使用する食品材料、すなわち添加材料についてみると薬味香辛料（葱、生姜、山椒、呉茱萸《ごしゅゆ》、薄荷、ゴマなど）を用いたものが最も多く二八・四％であった。次いで、穀物（米、おこげ、油餅（油で揚げたクレープなど））や調味料類（塩、醤油、酒、醋）が各一四・七％であった。野菜類（ゆり根、甘草、らっきょうの葉、香菜など）は一一・〇％であった。その他、乳製品（牛乳、酥）一四・六％であった。魚類のすっぽん、鰣魚や脯（干し肉）などの動物性たんぱく質は少なく、種実類はわずかながら利用されていた（図8参照）。

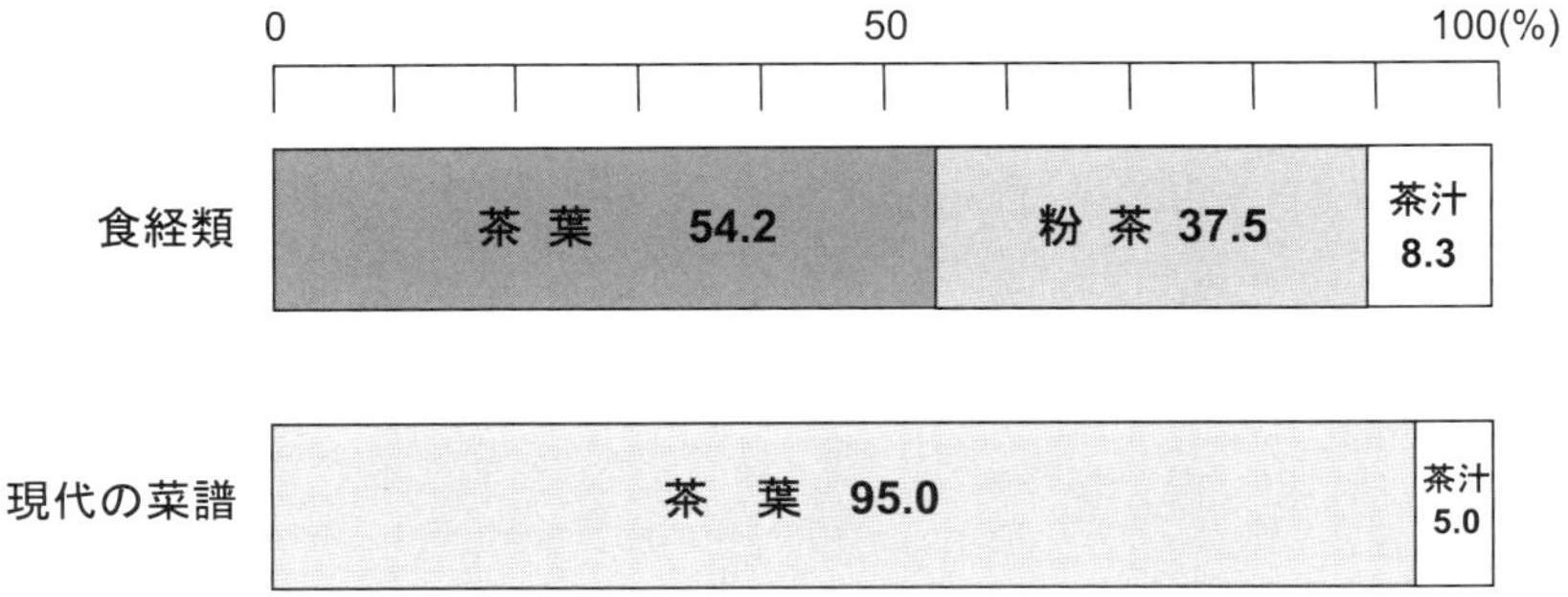


図６　茶の利用形態

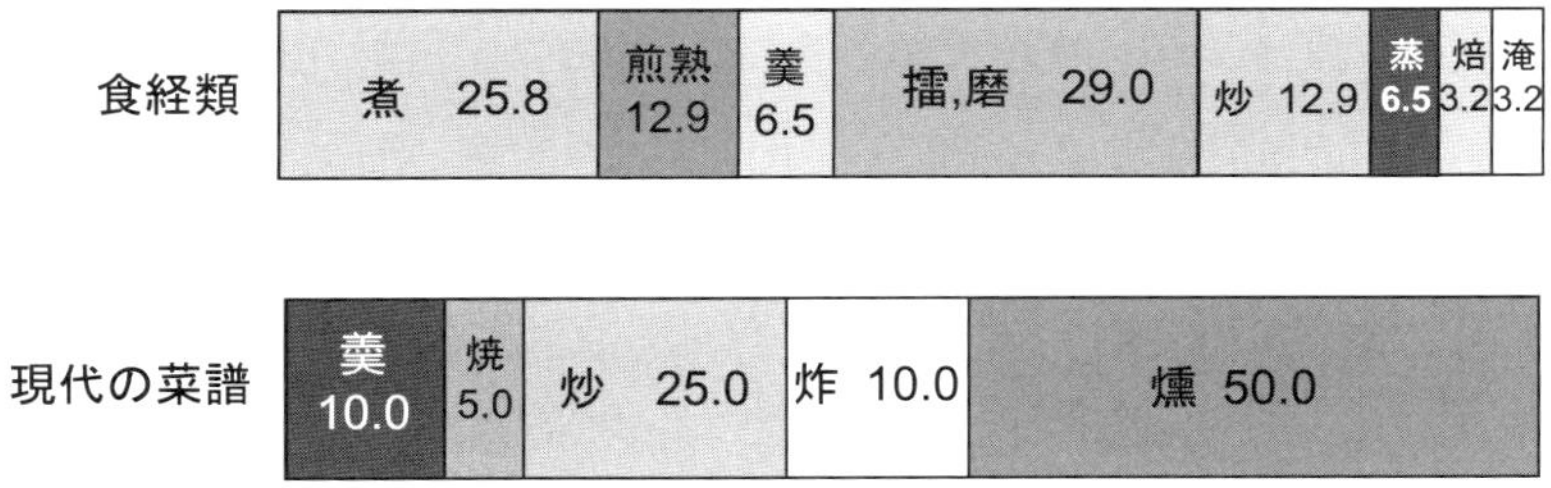


図７　調理法による分類

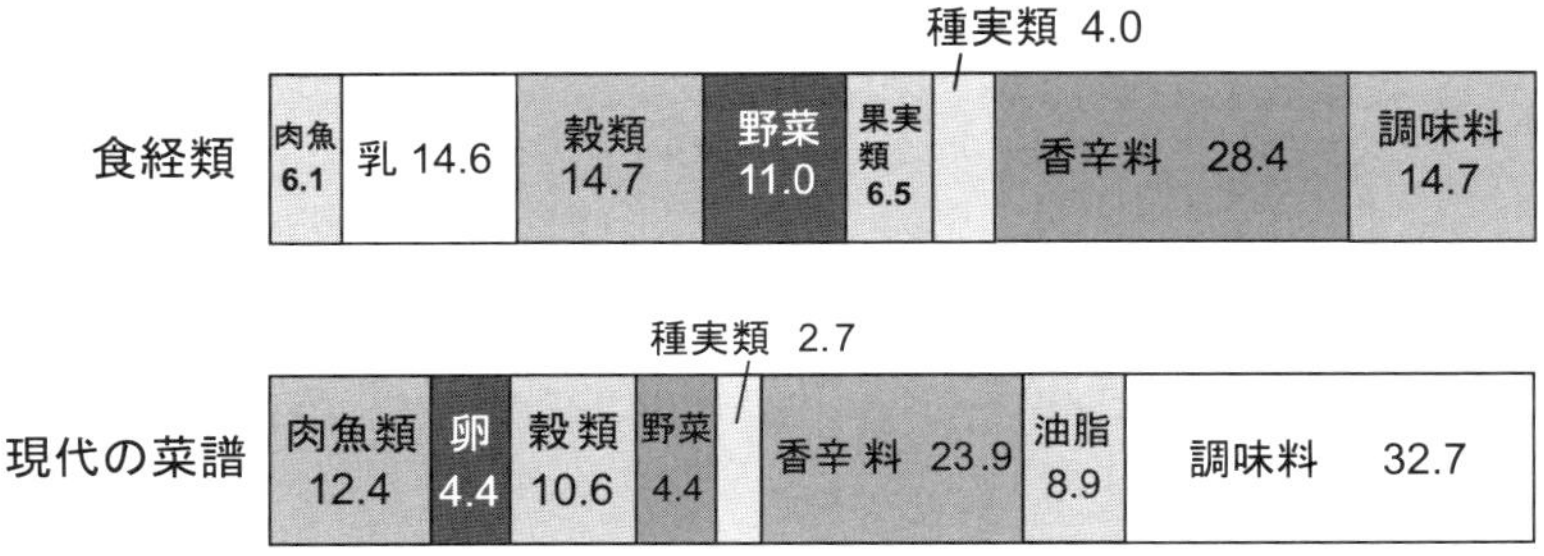


図８　茶とともに使用する食品材料の分類

## ❑現代の菜譜

現代の中国の菜譜は献立名の中に材料や調理法が示されているので、その献立名からもわかるように魚、羊、蛋（卵）など動物性たんぱく質の調理に茶を多く利用している割合が高くなっていることが特徴である。例えば緑茶の代表〝龍井茶〟と海老を使い炒め料理の「龍井蝦仁」、あひるの香り焼きに茶を利用した「樟茶鴨子」などがあげられる。食経類の料理では主として羮（スープ類）が中心であったのに対し、現代の菜譜は動物性食品に茶の香りや色を付加させる調理に変化していることがわかる。

### 茶の利用形態（現代）

現代の菜譜にみられる茶の利用形態では、葉茶をそのまま利用しているが九五・〇％を占め、茶汁使用が五・〇％で「茶葉蛋」に用いられているだけであった。また、現代では粉茶の利用は見られなかった。食経類では粉末利用が三割近くあったことと比較して、茶の利用形態が変容し、茶葉そのものを食するということが少なくなっていると考えられる（図6参照）。

### 調理法による分類（現代）

直火・気体を熱の媒体とした調理法（燻）が五〇・〇％、油を使った調理（炒、炸）が三五・〇％であった。しかし、水を熱の媒体とした調理法（羮、焼）が一五・〇％に減少しており、〝擂《す》る〟調理はまったく姿を消してしまっていた。

このように、茶を使った料理法は、食経類の水を熱の媒体とした湿熱調理から、現代は乾熱調理へと大きく変容してきていることがわかった。その内容は、茶葉そのものを何らかの形で全部利用した調理法であったのに比べ、茶の香気成分を食品に付着する〝燻す〟調理に代わったことである（図7参照））。

## 茶とともに使用する添加材料の種類（現在）

現在の菜譜では動物性食品（肉類、魚類、鳥類、卵類を用いたもの）の合計は一六・八％であった。

調味料類が三二・七％、香辛料二三・九％、油脂類八・九％であった（図8参照）。

このことは茶と調味・香辛料を使用することにより、燻《いぶ》す、炸《あげ》るなどの調理と結びつき、動物性食品の臭みや味を改善し、特有の香気、風味の付与、肉食の安定化、脂肪の酸化防止、乾燥などの効果のために用いられていることを示している。

また、食経類でみられた乳類はまったくみられず、その反面、油脂が用いられるようになっている。食経類中に記されている宋代のシンプルな「擂茶」と比較すると現代の「油茶」は油、にんにく、炒米、豆腐、脯などが加わり多くの材料が用いられ複合的な味になってきているのも興味のあるところである。また、現代では、茶葉と唐辛子を炒めた「千椒絲煮」や葉茶の入ったおから汁「豆渣」などをフィールド調査で確認した。茶は主材料にはならないが、色・味・香りを生かして、調理品に付加価値を与える食品材料ということができる。

中国における飲茶を調理学的に考察してきたが、歴史的にみても茶の種類と質、飲用法などにおいて諸外国の追随をゆるさないものがある。

# 「飲み物」としての油茶

早川史子

## ❏はじめに

油茶は茶葉を油で炒めたあと湯で煮だした茶汁のことである。このまま飲むこともあるが、アラレなどを油で炒めたものの上にかけて飲むのが一般的である。油茶が飲まれている地域は広西チワン族自治区三江トン族自治県、城歩ミャオ族自治県、融水ミャオ族自治県、貴州省黔東南ミャオ族トン族自治州などであるが、油茶に類似の擂茶は湖南省桃源県などで飲まれているということである。

ここでは湖南省と貴州省に隣接する広西チワン族自治区の桂林地区龍勝各族自治県（以後、龍勝と略す）の油茶についての詳細を述べ、「飲む茶」について考察する。

## ❏気候・風土

龍勝は広西チワン族自治区の東北部、東経一〇九度四三分～一一〇度二一分、北緯二五度二九分～二六度十二分に位置する。県城である龍勝鎮は桂林市の北西五〇㎞のところにある。

龍勝の平均気温は一八・一度、年間降水量は一五〇〇㎜である。チャの生育期間である四～十月の降水量はとりわけ多くなり、一〇〇〇㎜以上にも達する。

龍勝には大小あわせて四八〇余りの河川があって、高い山々に囲まれた深い谷間から霧が湧き、その霧は昼頃まで消えなかった。

ここには漢族をはじめとしてヤオ族、ミャオ族、トン族、チワン族などが居住している。龍勝鎮から車で一時間ほど走れば、何段にも等高線状に区切られた棚田が山々に囲まれて広がり、漢族や少数民族の民家が点在していた。龍勝の山野にあるこれらの民家の特徴は、外壁を含めてすべて木材の「干欄」（高床式）形式であり、どの民族の家屋もみな同じであった。

## ❏製　茶

四月下旬から五月にかけて、人々は家のまわりの大きく育ったチャの木から葉を摘んで自家用に茶を作っている。龍勝の茶は不発酵茶である。摘んできたばかりの開面採の茶葉を少量の水が入った大きな中華鍋で炒めた後、水を少し足し、蓋をし、蒸す。蒸しむらができないように時々茶の葉をかき混ぜる。薪の燃え具合を調節しながら、茶葉に含まれている水分と加えられた水から出る水蒸気で十五～二〇分間加熱する。蒸した茶葉をざるに移し、軽く揉む。茶葉を広げてざるのまま台所の土間にある囲炉裏のすぐ上に吊下げ、四～五日間乾燥させる。最終仕上げである火入れはしない。乾燥を終えた茶葉は深籠に入れ、囲炉裏のすぐ上の高楼で、囲炉裏の煙が届くようになっている格子の床に保管される。一八世紀、日本でも茶の保存は藁で作った大きな袋に入れて、屋根の下の煙の当たる所に蓄えていたようである。

龍勝の緑茶はこのように囲炉裏の上で燻され、さらに天井裏に保管されるため茶葉の色は黒く、新茶で造ったようにはとうてい見えず、焙じ番茶のようになってしまっていた。

龍勝の茶の造り方は和歌山県日高郡龍神村に今も残る番茶の造り方と驚くほど似ている。違う点は龍神村では筵に広げ日干し乾燥するが、龍勝では蒸した茶葉をざるに移し、軽く揉んだ後、囲炉裏の上で乾燥させるところである。

龍勝にはもうひとつ餅状に固めた茶餅《ちゃびん》とよばれる直径が二十㎝ほどの円盤状の団茶がある。四代前に湖南省から建新に移り住んでいる漢族の段さんの家で餅茶の造り方を実演してもらった。その造り方はおおむね次のようであった。シュロの葉で編んだ布を木製の甑《こしき》に敷き、さきに述べた方法で製茶した茶葉をつめて、四〇分程度蒸した後、あるいは蒸した茶葉を布に丸く包み込み、堅く締めあげた後、冷えるまで重石をして固める。飲時にこれを手でほぐし、湯を注いで飲むか、あるいは油茶に使う。茶餅は製茶した茶葉をもう一度蒸し直した後、重石をかけて圧搾したものであるが、唐の時代の餅茶は蒸した茶の葉を臼杵でつき、型に入れて固め乾燥したものであり、茶餅と餅茶では呼称は似ているものの、造り方やその大きさに違いがあるようである。

茶餅は、現在では手間がかかることやかびが生えやすいなど保存の問題から、遠く離れた親戚への贈り物とか換金目的以外には造ることはなくなってきたという。龍勝鎮の市場ではわずかに売られていたが、かさが小さいことから山深い地域から龍勝鎮の市場への運搬には適している。

## ❏油　茶

龍勝の茶の飲み方はふたつある。茶葉をそのまま湯のみ茶碗あるいはガラスコップに入れて湯を注ぎ、茶葉の沈むのを待って飲む方法と、炒めた茶葉を煮出して油茶として飲む方法である。

油茶の作り方は、まず茶の葉を中華鍋に入れて、油茶樹から搾り取った油茶油または豚の脂で炒める。ここに湯を注ぎ、すり鉢で擂りつぶしたショウガ、塩を加える。十分ほど煮出した後（口絵写真参照）、茶葉を水嚢で漉《こ》す。漉した茶汁だけを飲む場合もあるが、モチ米、カキモチ、ダイズ、トウモロコシ、ラッカセイ、リョクトウなどをそれぞれ炒め、これらを茶碗に盛り、刻みネギをふり、上から油茶を注ぐ。これを盆にのせて客に配る。我々に配られた油茶には一本箸が添えられていたが、龍勝の人々は箸を使わずに飲んでいたことから考えると、箸を使わずに飲む習慣があったことになる。

一杯目を飲み終わるとすぐに、配られたと同じ順番で茶碗が回収され、二杯目、さらに要求があれば三杯目が運ばれる。ストップをかけない限り何杯でもおかわりができた。

龍勝鎮から北東へ車で二・五時間、さらに徒歩でかなり急な山道を三km、約二時間かけてたどりついた江底郷泥塘村半界祖のヤオ族の村長さんの家では油茶を朝と昼の二回、食前に飲むという。また七代前に湖南省から移り住んだという細門村崩里のヤオ族は、来客があれば油茶を作るが、それ以外は普通の茶を飲むということであった。

一日三回、食前に飲むという龍勝鎮の宿舎で働く平等郷出身のトン族の男性から油茶の作り方を聞いたが、泥塘村のヤオ族の家で飲ませてもらった油茶とまったく同じであった。先の段さんの家でも朝食、昼食、夕食前の三回、油茶を飲むという。段さんの住む建新は龍勝の中でもヤオ族が多く住んでいる村である。

龍勝の民族委員会のメンバーのひとりである趙華平さんによると、油茶を最も早く飲んだのは「過山ヤオ」である。また「過山ヤオ」の居住する地域は田畑の少ない高地であり、米が不足がちであったことから、食前に油茶を飲み、おなかを満たしたあと、貴重な米を食べたのが油茶を飲み始めた理由でもあったという。

しかし、今や龍勝の製茶法や油茶の作り方は漢族、ヤオ族、ミャオ族、トン族に共通するものであった。おそらく自治県のように各民族が混然と雑居するような地域では日常の往来は日を追って緊密になり、文化・風俗など多方面の融合をもたらすのであろう。

## ❏まとめ

油茶は水田の少ない高地民族の補食あるいは独立した食事であったかもしれないが、山の頂上近くまで開墾された豊かな水田の風景を見ると、油茶を飲むのはもはや節米が目的ではないように思えた。まして油茶は三杯以上飲むのが礼儀で、一杯だけで断わるのはその家の油茶がおいしくなかったということを意味し、失礼に当たるということであった。ていねいに作られ、要求に応じて何杯でもおかわりに応じてくれる龍勝の油茶からは、飢えをしのぐ貧しい飲み物という印象はなく、客の来訪を喜び、心からもてなしてくれた少数民族の人たちの心やさしい、温かい気持ちが伝わってきた。

われわれ客人に対してはいろいろな具を加えた油茶でもてなしてくれたが、具の入らない油茶も飲むということであった。そもそも油茶とは製茶された茶葉を炒めて煮出した茶汁のことを意味しており、古くは茶汁だけの油茶を飲んでいたのかもしれない。そしていつの頃からか、そこに雑穀が加わり、さらに経済状態の改善や社会的変化によって現在飲まれているような具だくさんの油茶へと変ってきたのではないかと推論できる。

「飲む茶」の定義には議論のあるところであるが、油茶に関する調査から、「飲む茶」について考えてみよう。

もともと製茶は色、味、香にこだわって茶の葉がもつ成分をうまく引き出すための操作であり、飲むことを目的にし、嗜好飲料を作ることにある。従って、製茶した茶葉を料理に利用した場合でも、その料理は茶葉からみれば「飲む茶」である。

現在の油茶には具がたくさん入っているので「食べる」と表現したいところであるが、製茶された茶葉を煮出した茶汁を使っていることや、炒めて煮出した茶汁だけを飲んでいるということもあることから、やはり油茶は飲み物の範疇に入る。

# 飲茶の起源地はどこか

金丸瑠美

## □はじめに

神話の世界ではあるが最初に茶を飲んだ（食べた）と言われている神農は、茶を薬として捉えていた。飲茶の起源を考えると、薬として捉えていた時期も含まねばならないかもしれない。飲茶の起源地はチャ樹の起源地にまで遡ることを迫られる。チャ樹の起源地はおおよそ中国南部付近であることが定説になりつつある。しかしその時代から後の、茶を嗜好飲料とした喫茶の起源地ですら定説はない。嗜好飲料としての喫茶文化が育まれ始めた中国では文字の文化も盛んになっていたが、文献として残されている物は少ない。中国以外は文献が皆無に等しい。喫茶に関する文献は信憑性が高いもので二千年ほど前である。飲茶の起源地を捜すには、さらに数千年遡ることになる。

そこで喫茶の起源地を現代の喫茶法から捜してみる。喫茶動向は明らかに消費地の求めに応じて製造法が変わり喫茶も変化する。現代の喫茶状況だけから喫茶の起源地に近づくことは冒険であるが、歴史、民族習慣の変遷、食生活、製造方法なども含めて一歩一歩近づくことにする。

## ❏現在の喫茶方法

喫茶法を大別すると三つに分けることができる。

一つはポットや急須を使って茶液を取るもの。一つは鍋や土瓶などで煮出して漉《こ》して茶液を取る方法、そして茶自体を食べる方法である。

日本では煎茶のように急須に茶葉を入れ、湯を注いで茶葉を湯に浸して抽出し漉し取る淹《えん》茶法が広く普及している。地方では古くから伝えられてきた番茶を煮出して取る方法が多く見られる。茶葉を飲んでしまう抹茶法も未だ残っている。日本で残っているこれら三種類の喫茶法は、世界の喫茶法の縮図ともいえる。日本のように喫茶法の多様性を持っている民族は世界的に少ない。一般的には民族ごとに代表される喫茶法がある。

### A　淹茶法

A1　ポット、急須などを使う方法

煎茶や烏龍茶、普洱茶や紅茶などは急須、茶壺、ポットなどに必要量の茶葉を入れた後、湯を注いで少し蒸らしてから漉して茶液を取る。茶の種類によって急須やポットの大きさ、抽出時間、漉し方等に差はあるが基本的には茶葉を湯につけて抽出を促すという淹茶の方法である。一回の抽出後に抽出液を搾《しぼ》りきってしまって再度湯を注ぎなんども差し湯をして抽出液をとる。

A2　コップ、茶碗などから直接飲む方法

中国の龍井茶、碧螺春、君山銀針、太平猴魁などはコップや蓋碗に茶を入れ、湯を注いで抽出ができたところで直接上澄みを飲む。中国緑茶に多い方法である。茶葉の入ったコップに湯を注いでから蓋をして蒸らす君山銀針や、最初は茶葉が浸るぐらいの湯を注ぎ茶葉が開いてから湯を足す碧螺春など抽出法の差はあるが基本的には茶葉に湯を注いで直接飲む方法である。差し湯を繰り返して抽出ができなくなるまで飲むことが多い。

B　煮出し法　鍋、土瓶などを使って煮出す方法

中国の周辺地で飲まれている磚《たん》茶、団茶（口絵写真参照）などは茶葉をほぐして鍋や素焼きの壺の烤茶缶に入れて煮立てる。この磚茶や団茶は二十分前後煮立て濃い抽出液を作り、動物（牛、馬、山羊、羊、ラクダ、ヤクなど）の乳を加えて飲む。日本の番茶は土瓶や鍋で煮出して茶液をそのまま飲む。ロシアの南の方ではサモワールを使い、紅茶や緑茶をポットに入れて熱をかけ続け、濃いお茶に湯を差して薄めて飲む。モロッコはミントと珠茶をポットに入れて煮出して抽出する。

C　食べる茶

タイやミャンマーに見られる漬物茶（ミエン、ラペソー）は茶の葉を重ねて縛ったものを蒸し、籠に詰めるか、槽に詰め封印して重しをかけ数ヶ月後に取り出す。漬け物状になった茶をそのまま、または油で練りこんだ物を食べる。漬け物茶だけのときもあるが豆や落花生、とうもろこし、ひまわりの種などと一緒に食べることが多い。中国の擂茶は茶の新芽もしくは茶葉を細かく砕いた物をすり鉢で擂り、御飯、ゴマ、ピーナッツなどを一緒に擂って飲む。地域によって加えるものは少しずつ異なる。抹茶は碾《てん》茶と呼ばれる製造法が異なる茶葉を石臼で挽き、

茶碗に適量取り湯を加えた後茶筅で攪拌する。茶の粉末を攪拌することによって飲みやすくし茶葉ごと飲む。

中国唐代の『茶経』には羹（アツモノ）の記述があり、茶に他のものを加えて飲む（食べる）喫茶法も見て取れる。食べる茶の喫茶法は嗜好飲料としての喫茶法と同時に存在していたかもしれない。

## ❏現在の三大喫茶法の分布

A1法は、中国の漢民族の多い地域、台湾、日本、ベトナム、ラオス、タイ、ミャンマー、スリランカ、ヨーロッパ、アメリカ、オセアニアと広範囲に渡る。

A2法は、中国の江蘇省、浙江省、湖南省、福建省、安徽省などの銘茶を出している地域で飲まれている。ガラス等の密閉容器に茶葉を入れ携帯し必要に応じて湯を差して飲む方法は中国の広い地域にまたがっている。

B法は、中国の北部、西域、モンゴル、チベット、インド、ネパール、中近東、アフリカ北部に広がっている。中国の北部、西域、インド、ネパールでは、煮出した茶液を作っておいてからミルクを加えるが、中近東ではサモワールなどを使う。アフリカ北部ではミントも一緒に加えて煮出す。中国の北部、西域では塩を加え、インド、ネパール、中近東、アフリカ北部では砂糖を加える。

C法のうち抹茶は日本でのみ残る喫茶法である。擂茶は中国の湖南省、広東省、広西省チワン族自治区、台湾などのヤオ族やシェ族や客家によって飲まれている。ミエンやラペソーはタイ北部のタイ族やミャンマーの北部の人々に支持されている。食べるお茶の喫茶法も民族色が強く地域が限定されている。

淹茶法を用いる地域は散茶を使い歴史的には浅い。煮出し法は団茶を使っている地域と番茶や紅茶などの散茶を使っている地域がある。中国から伝わったのは淹茶法を使っている地域より煮出し法を使っている地域のほうが古い。日本の番茶は形態的にはより古い形式を残した物が多い。食べる茶については解明されていない部分が多い。淹茶法や煮出し法との関わりや起源地などは今後のより詳しい調査を待たねばならない。

## ❏時代を予感させる民族の喫茶法

茶と喫茶法は中国から広まりその後各地で独自の文化を持ったと思われる。日本の抹茶は中国では既に見ることができず、唐代に日本に伝わってから日本独自の発展を遂げた。

チベットのバター茶やモンゴルの奶茶《スーテツァイ》は十二～三世紀にチベット仏教が広まった所で飲まれている。

紅茶はイギリスが栄華を誇った時代に多くの植民地に伝わり残された。中国から各地に伝わった喫茶法は、伝わった時代の喫茶法を各地に残し、それぞれの民族によって現在に至っている。

現在の喫茶法から伝えられた時代を想像することができる。茶の生産地と消費地がはっきり分離されていない唐代以前に伝わった地域では、食べるお茶が残っている。茶を運ぶために便利な団茶が作られた宋代と元代に飲茶の習俗が伝わった地域では煮出し法が残っている。茶が完全に換金作物として扱われる明代に伝わった地域では、澄んだ茶液が取れる淹茶法を伝える。

## ❏まとめ

喫茶文化が開花している状況下にある現在では、日本の茶道や中国の茶芸、イギリス圏のティーマナーなどのセレモニー的な文化と生活に密着した生活茶文化がある。どちらをとっても基本的な喫茶法は大別すると三つに集約できる。

喫茶法から見る限り、中国で生まれた喫茶文化は誕生の地から離れたところで残っているように思われる。現在の喫茶法が伝わった時からまったく姿を変えていないとは思えないが、作法や器具類が変わっても、茶の種類や基本的な喫茶法は脈々と続いている。チベットのツァンパとバター茶の食事、十九世紀のイギリスのパンと紅茶のように、食事の一部になったお茶は簡単には姿を変えないのかもしれない。

世界に茶を伝えた中国は、唐代の陸羽の『茶経』などからして、隋、唐代の長安には喫茶文化が根付いていたことがわかる。文献から垣間見えるのは、漢代には茶を使っていたらしいということである。ただし喫茶に関する記述は無いに等しい。喫茶から起源地を遡るのは長安付近という想像までである。飲茶の起源地を特定するのにチャ樹の起源地や神話世界の神農が薬として茶を飲んだ地域まではわからない。

# 第二部

# 討　論

# 討論のための話題提供

有薗正一郎

## ❒話題提供

今回の討論会では、栽培チャ *Camellia sinensis*（var. *assamica* を含む）の飲用起源地について討論したい。

討論を始めるにあたって、討論の参考になると思われる二枚の図を提示する。

図9は、諸氏の発表の中で、飲茶の起源地を特定するための鍵になる地域の分布図である。各地域の位置関係を理解するのに役立てば幸いである。

なお、この図で注目すべきは、発表の中で金丸氏が長安を「喫茶起源地か」と指摘していることである。長安は喫茶の一次起源地ではなかったであろうが、一次起源地から伝わった喫茶習俗が長安の人々によって洗練され、それが中国各地に拡散していったと考えれば、長安は喫茶の二次起源地と位置付けることができよう。地方の放送局から発信する情報は、その地域以外にはなかなか伝わらないが、中央の放送局から発信された情報は短時間で全国に広がるのと同じことである。都に集まり、再度都から発信される情報伝達のシステムが喫茶の習俗を中国全土に広げたのである。

図10は、気候は変動するということを説明するために作成した図である。

飲茶の起源地がどこかにあることは間違いない中国東部の現在の植生は、この図10左側に示すように、南から北に向かって、照葉樹林、混交林、落葉広葉樹林の順で配列している。しかし、過去一万年間でもっとも気温が高かった七〇〇〇年ほど前のヒプシサーマル（気候最適期）には、図10右側に示すように、熱帯降雨林、照葉樹林、混交林、落葉広葉樹林の順で配列していたと考えられる。

図９　飲茶起源地を特定するための鍵になる地域の分布図

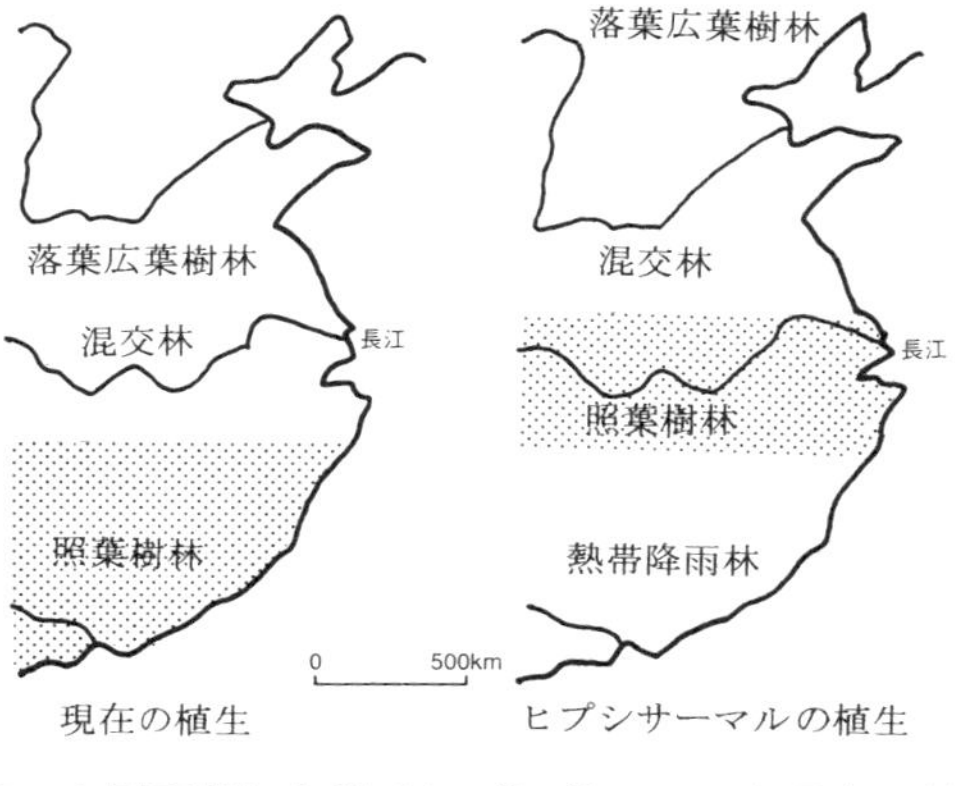


図10　中国東部におけるヒプシサーマルと現在の植生

　したがって、現在は小葉のチャ（チャ樹の学名和名）が生育する長江中下流域は、七〇〇〇年前は照葉樹林の中で生育する大葉のチャが自生していたと考えられ、現在の照葉樹林地域は七〇〇〇年前は気温が高すぎて、チャは生育していなかったのではないか。

　ここで小葉のチャの自生起源地について、三つの可能性が考えられる。第一は、チャは七〇〇〇年前にはすでに大葉のチャと小葉のチャに分化しており、低温に耐える小葉のチャは長江北岸の混交林に自生していたという考え方である。第二は、七〇〇〇年前には大葉のチャだけがあって、その後の気温低下に伴って大葉のチャは自生地を南に移したが、低い気温に適応するために葉面積を小さくしたチャが、長江中下流域で大葉のチャから分化して、自生するようになったという考え方である。第三は、現在と同じ植生になってから、低温に耐える小葉のチャを人間が照葉樹林地域で選抜して、北の混交林地域に持ち出して栽培したという考え方である。

薬を煮出して作る技術を知る漢民族が飲茶の創造者であろう。長江中下流域に漢民族が定着したのが六世紀の南北朝頃だと仮定すれば、漢民族はさらに南の照葉樹林地域にはまだ定着していないので、第三の考え方は成立しない。

第一の考え方に立てば、北から南に移動してきた漢民族による飲茶の歴史は六世紀頃よりも早く始まり、飲茶の起源地は長江中下流域の北岸だったことになるが、今のところそれを裏付ける証拠はないようである。また、動物がチャの種子を大河である長江の北岸に運ぶことはなく、チャを長江の北岸に移せる動物は人間だけだったと思われる。

第二の考え方に立てば、漢民族の南下の歴史と飲茶の習俗が始まった時期が一致する。したがって、飲茶の起源地は長江中下流域の南岸だということになる。

気候変動と漢民族の南下の時期を合わせて考えると、南北朝期に長江中下流域の南岸まで移動してきた漢民族が、低下した気温に適応するために葉面積を小さくしたチャの葉を、煮出して飲み始めたという仮説が成り立つように思われる。

# 討論「飲茶の起源地はどこか」

〈討論者〉金丸瑠美・早川史子・松下 智・南 廣子
横内 茂　〈コーディネーター〉有薗正一郎

## □食べる茶と飲む茶

有薗　それでは「飲茶の起源地はどこか」の討論を始めます。五人の討論者からあらかじめ出された論文を、私が読んで、疑問に思ったことを各人に質問する形で討論を進めていきます。私はチャ（植物名）と茶（飲み物名）についてはまったくの素人なので、私が出した質問のうち、答える意味があるものについてのみ、答えていただきます。最初の質問です。食べる茶と飲む茶の境目はいったいどこですか。

松下　茶の歴史はほとんど漢族が書いています。漢族の都合のよいように書いていると思います。漢族は平地に住む農耕民族です。チャは標高の高い場所、雲南省では一五〇〇ｍほどの場所に生えています。中国で古いチャの木がある所は山です。しかし、山に漢族は住まない。これを前提に話します。山に住んでいた民族が茶を使っていたのではないか。湖北省と四川省重慶の中間、現在ダムを造っている場所の南で茶を使っていたという記述が、（三世紀の）三国時代と晋の時代にあり

ます。それによれば、唐の時代までは長江中流域の南側は漢族から見ると蛮族の住む所であり、武陵山でヤオ族が茶を利用していたと考えられます。その初めは生の茶葉を噛んでいたが、茶葉だけではまずいので、いろいろなものを茶に混ぜて噛んでいたようです。三国時代に漢族が山地民族の茶利用を知り、茶だけを漢方薬方式で煎じて飲むようになったのが飲茶の始まりだろうと考えます。もうひとつ、チャの木のことですが、雲南省には大葉種しかありません。大木のチャは大葉種なので、チャは南から北へ上っていき、武陵山あたりに生育していたのではないか。それをそこに住んでいるヤオ族が使い始めたのではないか。そして、漢族が漢文化として茶業に発展させた。その後、ヤオ族は南へ移動していった。ヤオ族の行くところ必ずチャの木があります。だから私は茶利用の元祖はヤオ族だと見ています。

**有薗**　武陵山のヤオ族は茶葉を噛んでいたが、それを見た漢族が煮出す茶を作り出したということですね。食べる茶と飲む茶の境目についてはどうですか。

**松下**　擂《レイ》茶と呼ばれる茶があります。これはチャの新葉をすりつぶしてから他の具と一緒にお湯をかけるものです。これは飲むのではなく、食べる茶でしょうね。南方ではビンロウを噛む習慣があって、そこに飲む茶が伝わったが、彼らは昔からビンロウを噛んでいたので、ビンロウに代えて茶葉を噛むようになったのではないでしょうか。少数民族は食べる茶をミエンと呼ぶのですが、ミエンはヤオ族の自称です。ビンロウを噛んでいる人たちのところへヤオ族が漬物茶の作り方を伝えた。これが食べる茶ミエンの語源だと考えています。したがって、食べる茶はビンロウから茶に代わった時点で生まれたのではないでしょうか。

**早川**　食べる茶と飲む茶の違いを説明します。飲む茶は湯か水を加えて煮出して飲むことであり、食べる茶とは水分が少ない状態で口に入れるものをさします。抽出液を口にするのが「飲む」であって、「食べる」とは固形物を口にすることです。

**南**　調理の立場で言うと、スープは「飲む」ではなく「食べる」食物です。昔の羹《あつもの》や今日話題になった擂茶や油茶も固形物を口にするので、食べるものだと考えます。茶葉を湯に通して口にするのが飲むことです。

**有薗**　油茶をたしなむ土地の人々は、油茶を「飲む」「食べる」のいずれで表現しますか。

**早川**　土地の人は「飲む」と表現しています。また、茶を飲む方法は二種類あると言っています。ひとつが油茶法、もうひとつが茶碗でふつうに飲む方法です。

**有薗**　早川さんは油茶を飲まれましたね。その時、口に入れた油茶を噛みましたか、それとも流し込みましたか。

**早川**　ピーナッツなど堅いものは噛みますが、茶自身は飲みますね。

**有薗**　早川さん自身は「食べた」感じでしたか、「飲んだ」感じでしたか。

**早川**　先に実だけを食べて、茶汁は飲みました。

**松下**　油茶は茶葉を油で炒めて湯を入れて塩を足して茶ガラを取ってから飲む「飲み物」です。来客時にそれに具を入れて出すのです。文献には湖南省南部では茶を飲んでから、茶ガラを食べると記述されています。これは飲むと食べるが続いているので、区別はできない。

有薗　金丸さんにお尋ねします。島根のボテボテ茶は口に入れてからどうするのですか。

金丸　ボテボテ茶も沖縄のブクブク茶もご飯が入っています（口絵写真参照）。やはり噛みますね。噛まないと飲み込めませんが、「飲む」と言います。だから感覚的には「飲む茶」で「食べる茶」ではありません。茶粥はどうですか。

早川　主食の方を頭に入れて考えるので、茶粥は「食べる」ですね。お茶は主体ではなく、媒体で入っているということですから。

有薗　メインが何かということですね。

横内　ボテボテ茶は噛んではいけない。飲み込むものなのです。作業しながら飲む、喉を潤す。だから「飲む」ということになります。

## ❏森で飲まれていた茶の木とは？

有薗　次の質問にまいります。横内さん、森の中のチャ（大理種 *Camellia taliensis*）を少数民族が飲用しているという話でしたが、彼らは本来大理種を飲んでいたのか、栽培茶（*Camellia sinensis*）の代用品として使っているのか、いずれでしょうか。

横内　私は少数民族のチャは栽培茶だけだとは考えていません。チャの仲間には何種類かあります。茶の利用を広めたヤオ族がいた所にはチャの仲間が何種類か生えていました。それらを飲む習慣が民族の移動に伴って西と南と東に伝わりました。そして伝わった先には亜熱帯雨林と温

帯常緑広葉樹林が渾然一体になった森があって、ここに大理種が自生しているので、これを利用するようになったと考えています。大木の葉は取れませんので、林床に生えている二〜三mの木の若枝を取って茶にする。また栽培茶の茶園は福建省あたりにはありますが、雲南省には大理種の茶園はありません。したがって、大理種は栽培茶の代用として飲用されていると考えます。

**有薗** 少数民族は栽培茶を栽培していないのですか。

**横内** 現在は栽培していますが、最近になってのことだと思います。

**有薗** 少数民族は大理種と栽培茶のアッサム亜種（*assamica*）を栽培してきたか自生のものを利用してきたということですか。

**横内** そうです。

**有薗** 松下さん。温暖期に長江の北岸まで広がっていた大葉のチャが、気温の低下に適応するために葉を小さくして長江流域に自生していたのではないかとの私の考えの是非はいかがでしょうか。

**松下** 長江北岸のチャは清代から栽培され始めたので、長江北岸には自生チャはありません。南岸の武陵山あたりが限界ではないかと考えます。

**有薗** パール＝バック作の小説『大地』第一部の冒頭に「茶を飲むのは銀を飲むようなものだ」という台詞《せりふ》があります。『大地』は安徽省が舞台ですから、百年前の安徽省にはチャはなかったと思われます。

松下　安徽省は『三国志』の舞台ですが、当時の史料には茶を飲んだとの記録はありませんので、安徽省にはチャはなかったと思います。

## ❒煮だし茶・こし茶・油茶

有薗　次に、南さんと早川さんへの質問です。食べる茶から飲む茶への移り変わりの過程の可能性を、次に示すように、私が三つ立ててみました。当たっている流れがあるか、どれも外れているかについて、お聞かせください。十年前に豊茗会がおこなったシンポジウム「茶の原産地とその文化」で、布目潮渢さんは「茶食と飲茶を前後関係で考える必要はなく、飲茶は飲料の歴史の中で考えてよいと思う」と、食べる茶と飲む茶は別系統のものであると述べています。お二人のご意見を伺います。

1　（華中）煮出し茶 → 淹茶《えんちゃ》（こし茶）
　（華南）食べる茶 → 擂茶・油茶（煮出し茶 → 擂茶・油茶）

2　（華中）煮出し茶 → 淹茶（こし茶）
　（華南）食べる茶 → 擂茶・油茶

3　食べる茶↓擂茶・油茶↓煮出し茶↓淹茶（こし茶）

南　難しい問いかけですね。食べる茶↓擂茶・油茶↓煮出し茶↓淹茶（こし茶）と移っていったようにも思えますが、確信はありません。

**早川**　私は、あえて言えば、煮出し茶→淹茶（こし茶）→油茶と移っていったと考えます。ミエンなど食べる茶は飲む茶とは別の系統です。食べる茶と飲む茶の出発点は異なり、別々の道を歩んで現在に至り、それぞれの民族が交流しあって、お互いの民族が両方を取り入れているのではないでしょうか。

**有薗**　煮出し茶→淹茶（こし茶）→油茶という考え方ですか。そうすると、先にあげた三種類の流れとは別の、第四番目の流れがあったということになりますね。油茶は茶液をこしとってから、いろいろなものを加えるということですか。そうすると、まず煮出し茶があって、こし茶になり、こし茶から油茶に発展したということですね。

**南**　私が湖北省に行った時にいただいた油茶は、茶葉も他の具と一緒に油で炒めて、それを器に入れてから塩味の湯を入れる方式でした。私はその一例しか知りませんが、そこでは煮出したりこしたりする茶ではありませんでした。ですからボテボテ茶のように噛まないと喉ごしが悪いです。油茶にもいろいろなものがあるということですね。

**松下**　トーチャ族、ヤオ族、ミャオ族、トン族がそれぞれ油茶を飲んでいて、それぞれ民族によって違いがあるのではないですか。龍勝県ではどの民族も作り方は一緒ですね。湖北省のトーチャ族の油茶の歴史はそんなに古くありません。武陵山にはトーチャ族とミャオ族とヤオ族が住んでいたのですが、その中ではトーチャ族が

一番低い位置付けにあったようです。したがって、トーチャ族は自分たちを漢族だと称していました。解放後に民族として認められたので、茶に関しては古い歴史はなさそうです。ヤオ族が中心だったのですが、ヤオ族が南に移ったために、トーチャ族が茶を作り利用し始めたのではないかと考えます。

有薗　早川さん、華中において煮出し茶があって、こし茶になって、それから華南に移ってからもうひとつ要素が加わって、油茶ができたと考えればよいのですか。煮出し茶とこし茶は長江流域に住んだ漢族の技術で、その習俗が南に伝わって、茶がメインだけれども、他の具も入れて油茶と呼ばれるものができたということですね。

早川　そうだと思います。

松下　油茶は湖北省一帯に広がっていますから、油茶も一緒に華南に伝わったということです。

南　文献には油であげたあと、水を入れて煮てからこす油茶もあります。

松下　豚の脂を細かく切って煎ります。その中にいろいろなものを入れていためてから、水に入れて煮るという方法もあります。

## ❐「煮る」から「炒める」へ

有薗　次にまいりましょう。南さん、茶葉を使う料理で、茶葉を食べることが少なくなってきたのはなぜでしょうか。

南　時代的なこともあろうかと思いますが、茶葉を食べることが少なくなってきていると書いたのは、調理にいろいろな材料を使うようになってきて、茶葉を使うことが少なくなってきているという意味です。茶葉はそのまま食べるとおいしくない。したがって、いろいろなものと一緒に使われたと思います。また、王朝が替わると茶の製法が変わってしまいます。今は散茶、それ以前の固形の茶も、庶民がたしなむほど安いものではなかった。

有薗　今のお話の前半は、他の食材が増えてきたので、茶を使わなくてもよくなったという考えですか。

南　中国をひとつの領域と考えた場合は、のべ食品数は多いのですが、各地域ではそれほどたくさんの食品を使っているわけではありません。十数年前、貴州省に行った時に、流通する食品以外はそこでしか食べられないことをあらためて感じました。清の時代以降は食べる茶は少数民族が客をもてなす伝統食として残る程度になったと考えます。

有薗　別の質問ですが、煮る料理から炒める料理に移っていったのはなぜでしょうか。

南　中国料理の歴史でよく言われているように、初めは水系の料理が多かったのです。この調理は土製・青銅製の鍋でできました。直火にかざして焼く調理法は以前からありました。油を使って炒めるか揚げる調理法は、唐代以降に鉄鍋が普及してからの調理法です。煮る羹と漬け物と干しものは晋の時代までの文献にすでに出てきますが、油で炒めるか揚げる調理法は唐の時代に鉄鍋が普及してから後です。

松下　油茶もその時代にピントを合わせたほうがよいということですかね。
南　宋と元の時代の文献に擂茶と油茶が記載されています。唐の時代までは茶を粉にして篩《ふるい》にかけていろいろな具を加えて食べていたと陸羽は書いています。
松下　茶の利用はそれほど古い時代まで遡れるものではないということになるのでしょうかね。
有薗　早川さん、油茶に茶葉を入れることによる栄養上の効果はあるのですか。
早川　油で炒めて野菜代わりに茶葉を入れるのであれば、油とともに食べると吸収がよくなる脂溶性のビタミン類が摂取できます。私が見た煮出し法による油茶についていえば、茶葉には水溶性の栄養素のほかに、カロテンやビタミンEのように油に溶け出す成分もあります。したがって、油で炒め、さらに水で煮出せば、両方の成分を効果的に摂取することができますので、栄養価は高くなります。したがって、生活の知恵として油茶をたしなんだのではないかとも考えます。
有薗　油の力で栄養をしみ出させたあと、煮出すことによって、さらに栄養分をしみ出させるという方法ですね。

## ❐団茶と散茶

有薗　次に、金丸さんにお尋ねします。固めた茶である団茶と、我々が今飲んでいるばらけた姿の散茶についての質問です。元来は団茶が多く、それが散茶に代わってきたのですが、乾燥地域と高冷地の人々は今でも団茶を飲んでますね。質問は二つあります。まず、団茶から散茶への移り変わりは何を意味しますか。次に、乾燥地域と高冷地の人々はなぜ今でも団茶を飲んでいるのですか。

**金丸**　団茶から散茶に移ったという確証はありません。団茶を作っていた時代にも散茶はあったと思いますが、遠い地域に輸送する場合や、保存するためには団茶のほうが都合がよいのです。また、喫茶法は変化してきました。団茶を使う地域は煮出し法で飲む場合が多く、散茶を使う地域では淹茶（こし茶）を飲む場合が多いと思います。時代が新しくなるにつれて、より簡便に飲み物が摂れる方法に移ってきましたし、製造法の改良で茶葉の乾燥度が高くなり、仕上がった茶葉の水分を少なくして貯蔵できるようになったので、散茶が増えてきたのだと考えます。ボテボテ茶やバタバタ茶のような日本の振り茶系統の茶は、散茶を使いますし、抹茶も散茶である碾茶を使います。団茶から散茶に移り変わった意味はよく分かりません。

**有薗**　私は団茶から散茶に移り変わったと思って質問したのですが、両者は並存していたということのようですので、お答えはいただけました。今でも乾燥地域や高冷地の人々は団茶を飲んでいると聞くのですが、なぜそれらの地域には散茶が入らないのでしょうか。

**金丸**　輸送に時間がかかる地域では、一定容量当たりの密度が高い団茶のほうが輸送効率は高いですね。また貯蔵設備が整ってない地域では、布にくるんで棚の上にしまっておける団茶のほうが好都合です。散茶は囲炉裏があって常に乾燥した状態にしておけるか、保存のための容器がある所でしか使えません。そうしないと、富山のバタバタ茶のように二次発酵して黒茶になってしまいます。

**横内**　モンゴルには元来茶はなくて、他のものを飲んでいました。外モンゴルではヤナギの葉を乾かして飲んでいましたし、ドングリの仲間の葉を飲んでいました。それらと団茶のまずい味がよく似ていると思います。物を運ぶ都合のほかに、味についても考える必要があるように思います。

**金丸**　外モンゴルで代用茶に使っているものは散茶の状態でした。

**横内**　代用茶は決しておいしいものではありませんし、香りもありません。ただ渋くて唾液が出る程度です。

**金丸**　モンゴルの代用茶もそれなりにおいしかったです。

**横内**　それは金丸さんの好みですね。飲み物特有の味と飲み方のスタイル、そういう特有の文化があって、それにうまく一致するものが選ばれるのではないかと考えます。たまたま乾燥地域で好まれたのが団茶だったのではないかということです。

**金丸**　定住して収納する施設がある場所では散茶でもかまわないのですが、簡易式の家屋に住んでいる人々にとっては、団茶のほうが始末がよいのではないでしょうか。

**松下**　団茶について付け加えます。漢族は団茶をほとんど飲みません。銅貨の大きさにした銭団茶を江南から長安に運んだとの記録はあるのですが、それ以外は漢族が団茶を飲んだという記録はありません。遊牧民のために漢族が作った茶が団茶です。団茶は大量に運べる粗末な茶です。四川省には柳行李ほどの大きさの団茶があります。山から茶葉と小枝を鎌で刈り取ってきて、鍋で煎って、籠に詰めます。そんな手荒い作り方をして、乾燥地域や高冷地に送っていたのです。「茶馬交易」では馬一匹と茶数kgを交換していたようです。漢族が北方の民を支配するために意識的に茶を供給していたのです。遠距離を運ぶには固形化するのが一番楽ですからね。団茶については見直さねばならないと思っています。

有薗　団茶に加工しても栄養的には変わりませんか。

早川　保存期間が長ければ栄養成分は失われますが、元来使っている葉が良くないので、土地の人々はビタミンCの補給だと言っていますが、葉の成分を調べてみると、ビタミンCなどはほとんど含まれていません。でも、食生活がシンプルだとすると、少量の成分でも効くのかもしれません。

有薗　苦味はあるのですか。

早川　苦味だけはあります。

有薗　中国の東半分の人々は散茶を使い、西半分の乾燥地と高冷地の人々は団茶を使う理由について、私の考えを述べます。東半分の地域は舟で運べる領域です。舟は物資を大量に運べます。しかし、乾燥地域と高冷地はそうはいかない。家畜や人の背中に載せて運べる量は知れていますから、かさばるものは運賃がかかることになります。東は川があるし、川を結ぶ運河もありますので、かさばる散茶でも舟なら安い運賃で運べると思います。いずれにせよ、それぞれの地域の事情に応じて、団茶を飲む地域と散茶を飲む地域が並存してきたことは分かりました。ありがとうございます。ちょうど予定した時間になりました。今日の討論はここまでといたします。

## 飲茶に関わる文献（五十音順）


王鎮恒・王広智編（二〇〇〇）『中国名茶志』中国農業出版社。

呉覚農編（一九八七）『茶経述評』農業出版社。

篠田統（一九七八）『中国食物史の研究』八坂書房。

周達生（一九八七）『お茶の文化史』福武書店。

周達生（一九九四）『中国茶の世界』保育社。

田畑久夫・金丸良子（一九八九）『中国雲貴高原の少数民族』白帝社。

田中静一・篠田統編著（一九七二）『中国食経叢書――中国古今食物料理資料集成』書籍文物流通会。

布目潮渢（一九八九）『緑芽十片』岩波書店。

布目潮渢・中村喬編訳（一九七九）『中国の茶書』平凡社（東洋文庫四一六）。

ビオストーリー編集委員会（二〇〇四）「茶の生き物文化誌」ビオストーリー第二号。

松下智（一九九三）『テイーロード・日本茶の来た道』雄山閣出版。

松下智（一九九八）『茶の民族誌』雄山閣出版。

松下智（二〇〇五）『日本茶の自然誌――ヤマチャのルーツを探る』あるむ。

松下智ほか（一九九五）『やさしい茶の科学』淡交社。

南廣子（一九九〇）『茶　茶　茶』淡交社。

南廣子・糟谷優子（一九九六）「調理への茶の利用――中国菜譜から」名古屋女子大学紀要四二号、家政・自然編。

守屋毅（一九九二）『喫茶の文明史』淡交社。

守屋毅編（一九八一）『茶の文化』淡交社。

■討論者紹介（五十音順）

有薗正一郎（ありぞの しょういちろう）
愛知大学文学部教授、愛知大学綜合郷土研究所所長

金丸　瑠美（かなまる るみ）
株式会社サラトナ取締役、有限会社ザイン相談役

早川　史子（はやかわ ふみこ）
滋賀県立大学人間文化学部教授

松 下　 智（まつした さとる）
前愛知大学国際コミュニケーション学部教授、社団法人豊茗会会長

南　 廣 子（みなみ ひろこ）
東海学園大学人間健康学部教授

横 内　 茂（よこうち しげる）
名城大学農学部専任講師



討論会報告書

# 飲茶の起源地はどこか

2005年9月10日　第1刷発行

編者＝愛知大学綜合郷土研究所

〒441-8522 豊橋市町畑町1-1　Tel. 0532-47-4160

発行＝株式会社 あるむ

〒460-0012 名古屋市中区千代田3-1-12　第三記念橋ビル
Tel. 052-332-0861　Fax. 052-332-0862
http://www.arm-p.co.jp　E-mail: arm@a.email.ne.jp

印刷＝東邦印刷工業所

ISBN4-901095-60-9　C0039